I0807236

A TI, QUE SIGUES
ADELANTE SIN TEMOR...

A TI, QUE AVANZAS
DE FRENTE HACIA LOS DESAFÍOS...

A TI, QUE NO TE RINDES PORQUE
ERES RESILIENTE...

A TI, QUE DECIDES NO SER UNA VÍCTIMA
DE TU DOLOR...

A TI, QUE VUELAS INTENSAMENTE
LLENO DE VIDA...

TO YOU, WHO KEEP GOING
WITHOUT FEAR...

TO YOU, WHO FACE CHALLENGES
HEAD-ON...

TO YOU, WHO DON'T GIVE UP
BECAUSE YOU ARE RESILIENT...

TO YOU, WHO CHOOSE NOT TO
BE A VICTIM OF YOUR PAIN...

TO YOU, WHO SOAR INTENSELY,
FULL OF LIFE...

TIMMY Y KATIA OST

SERIE PREADOLESCENTES

/BILINGÜE

ZOMBIES DON'T EXIST, OR DO THEY?

LOS ZOMBIS NO EXISTEN, ¿O SÍ?

e625 - 2024
Dallas, Texas

Todas las citas bíblicas son de la NTV (Nueva Traducción Viviente) a menos que se indique lo contrario.

Editado por: **María Gallardo**
Traducido al inglés por: **Sophia Leys**
Diseño interior y portada: **Bárbara Soriano**
Ilustración: **Edimundo Balzan Paz**

ISBN 978-1-954149-58-8

IMPRESO EN ESTADOS UNIDOS

Podrán estos huesos volver a la vida?
ehh.. solo tú sabes eso...

INDEX

CONTENIDO

EPISODE ONE: SECRET IDENTITY

EPISODIO UNO: IDENTIDAD SECRETA

CAUTION! YOU MUST READ THIS BEFORE BEGINNING

They are among us! Disguised in the virtual world, designed by artificial intelligence, camouflaged in the metallic jungles of our cities, or infiltrated in our schools... They may live low-profile as our schoolmates or neighbors, or they could be celebrities admired by many... But this is nothing new. The undead have been among us in every age. In fact, here is the account of the first zombies documented in human history:

LIVING IS A DECISION YOU MUST MAKE EVERY DAY.

"The hand of the Lord was on me, and he brought me out by the Spirit of the Lord and set me in the middle of a valley; it was full of bones. He led me back and forth among them, and I saw a great many bones on the floor of the valley, bones that were very dry. He asked me, 'Son of man, can these bones live?'

I said, 'Sovereign Lord, you alone know.'

Then he said to me, 'Prophesy to these bones and say to them, "Dry bones, hear the word of the Lord! This is what the Sovereign Lord says to these bones: I will make breath

¡CUIDADO! DEBES LEER ESTO ANTES DE COMENZAR

¡Están entre nosotros! Disfrazados en el mundo virtual, diseñados por la inteligencia artificial, camuflados en las selvas metálicas de nuestras ciudades o infiltrados en nuestras escuelas... Pueden vivir con un bajo perfil, como nuestros compañeros de colegio o nuestros vecinos, o pueden ser celebridades a las que muchos ven y admiran... Pero esto no es nada nuevo. Los muertos-vivos han estado entre nosotros en todas las eras. De hecho, aquí tienes el relato de los primeros zombis documentados en la historia humana:

> *"El Señor puso su mano sobre mí y fui llevado por el Espíritu del Señor hasta un valle que estaba lleno de huesos. El Señor me condujo por entre los huesos que cubrían el fondo del valle. Estaban desparramados en el suelo por todas partes y completamente secos. Luego me preguntó:*

VIVIR ES UNA DECISIÓN QUE DEBES TOMAR CADA DÍA.

enter you, and you will come to life. I will attach tendons to you and make flesh come upon you and cover you with skin; I will put breath in you, and you will come to life. Then you will know that I am the Lord."'

So I prophesied as I was commanded. And as I was prophesying, there was a noise, a rattling sound, and the bones came together, bone to bone. I looked, and tendons and flesh appeared on them and skin covered them, but there was no breath in them.

Then he said to me, 'Prophesy to the breath; prophesy, son of man, and say to it, "This is what the Sovereign Lord says: Come, breath, from the four winds and breathe into these slain, that they may live."'

So I prophesied as he commanded me, and breath entered them; they came to life and stood up on their feet—a vast army."

—Ezekiel 37:1-10 (NIV)

Today, we are all surrounded by zombies, and some days, we too seem like zombies... May the only breath that can fill you with life blow upon you with strength! Remember: living is a decision you must make every day, and to live, you must run with all your might from anything that threatens to drain your life!

The good news is that there is an antidote to avoid being infected by the "zombie virus." Right now, you hold in your hands a survival guide containing keys, formulas, and secrets to help you unlock the different levels and escape from everything that tries to take your life.

Are we ready? Here they come for us! Let's run for our lives!

—Hijo de hombre, ¿podrán estos huesos volver a convertirse en personas vivas?

—Oh Señor Soberano —respondí—, solo tú sabes la respuesta.

Entonces me dijo:

—Anuncia un mensaje profético a estos huesos y diles: "¡Huesos secos, escuchen la palabra del Señor! Esto dice el Señor Soberano: '¡Atención! ¡Pondré aliento dentro de ustedes y haré que vuelvan a vivir! Les pondré carne y músculos y los recubriré con piel. Pondré aliento en ustedes y revivirán. Entonces sabrán que yo soy el Señor'".

Así que yo anuncié el mensaje, tal como él me dijo. De repente, mientras yo hablaba, se oyó un ruido, un traqueteo por todo el valle. Se juntaron los huesos de cada cuerpo y volvieron a unirse hasta formar esqueletos enteros. Mientras yo observaba, vi que se formaron músculos y apareció carne sobre los huesos. Después se formó piel para recubrir los cuerpos, pero aún no tenían aliento de vida.

Luego me dijo: «Hijo de hombre, anuncia un mensaje profético a los vientos. Anuncia un mensaje profético y di: "Esto dice el Señor Soberano: '¡Ven, oh aliento, ven de los cuatro vientos y sopla en estos cuerpos muertos para que vuelvan a vivir!'"».

Así que yo anuncié el mensaje como él me ordenó y entró aliento en los cuerpos. Todos volvieron a la vida y se pusieron de pie; era un gran ejército".

Ezequie 37:1-10

En la actualidad todos estamos rodeados por zombis, y hay días en que nosotros también parecemos zombis ... ¡Que sople sobre ti con fuerza el único aliento que te puede llenar de vida! Recuerda: vivir es una decisión que debes tomar cada día, ¡y

para vivir debes correr con todas tus fuerzas escapando de aquello que te lleva a perder la vida!

La buena noticia es que existe un antídoto para evitar ser infectados por el "virus zombiático". En este momento tienes en tus manos una guía de supervivencia que contiene claves, fórmulas y secretos que te permitirán desbloquear los distintos niveles para escapar de todas esas cosas que quieren quitarte la vida.

¿Estamos listos? ¡Allí vienen por nosotros! ¡A correr por nuestras vidas!

EPISODE ONE: SECRET IDENTITY

LEVEL 1 – PULSE AT RISK

The first time I watched Star Wars (says Timmy), I felt incredibly connected to Luke Skywalker in so many ways... I felt as if they had created the character based on my desire to live life to the fullest. I related to his explorer's spirit, his warrior's soul, and his passion for those around him... But more than anything, I felt in sync with him in his hunger to be an unexpected hero.

Most of us see ourselves reflected in some character when we watch a movie. This happens because we all have a personal story we wish the world could see. No one knows our constant struggles with pain, uncertainty, or challenges, and sometimes we want to shout to the world what's happening in the depths of our existence.

THE TOUGH DECISIONS ARE PRECISELY THE ONES THAT SHAPE YOUR DESTINY.

Every movie has a protagonist who, despite their weaknesses, imperfections, and mistakes, is eventually applauded by the audience, right? We can understand why movies based on real-life stories have such an impact: beyond being great tales of inspiration, they allow us to go home that night, rest our head on the pillow, and start seeing all our challenges in a new light of hope.

EPISODIO UNO: IDENTIDAD SECRETA

NIVEL 1 – PULSO EN RIESGO

La primera vez que vi *La guerra de las galaxias* (habla Timmy) me sentí increíblemente identificado con Luke Skywalker por muchas cosas... Yo sentía que para crear al personaje se habían inspirado en mis ganas de vivir al máximo. Me sentí identificado con su espíritu explorador, con su alma de guerrero, con su pasión por la gente que lo rodeaba... Pero más que nada, en lo que yo me sentía sincronizado con él era en el hambre por ser un héroe inesperado.

La mayoría de nosotros solemos vernos reflejados en algún personaje cuando miramos una película. Esto es así porque todos tenemos una historia personal que desearíamos que el mundo viera. Nadie conoce nuestras luchas constantes enfrentando el dolor, la incertidumbre o los problemas, y muchas veces nos gustaría gritar a los cuatro vientos lo que está pasando en la profundidad de nuestra existencia.

Now think: if you saw your days as a collection of stories to be used to write a script and then make an incredible movie, how would you live?

BUT AS LONG AS YOU AREN'T THE PROTAGONIST OF THE DREAM THAT GOD HAS DESIGNED FOR YOU, YOUR BAD DECISIONS WILL BE STEALING YOUR DESTINY.

Your chance is today! It's time to seriously reflect on your desire to be the main character in the movie of your life. And why is it necessary to reflect? Because often, without realizing it, we make decisions that strip us of the leading role, letting others or circumstances steal the central part of our story.

At some point in my life (Timmy speaks again), I learned something that has marked me, and I often consider it when making decisions. What I realized is that the tough decisions are precisely the ones that shape your destiny. Each new day presents a world of possibilities for you to write the story of your life, but you must learn to choose wisely! Think about it: if you were to tell the story of your life based on your decisions, what would be the beat of your existence? Who or what would play the starring role in your life? How would you tell the story of your life so far?

It's common, when we honestly face these questions, to feel a wave of frustration. We feel our heart start to beat more slowly, and little by little we lose motivation, as we look at our life as a routine with no escape, a continuous cycle of simply existing, where our dreams fade into distant fiction.

Maybe, as you reflect on your life, you'll find things you need to leave behind in order to move forward... Find people who will

Toda película tiene un protagonista que, a pesar de sus debilidades, imperfecciones y errores, al final sale aplaudido por los espectadores, ¿verdad? Podemos entender entonces por qué las películas que se hacen inspiradas en historias reales tienen tanto impacto: es porque en el fondo, aparte de tratarse de grandes historias de inspiración, es hermoso llegar a tu casa esa noche, recostar tu cabeza sobre la almohada, y comenzar a pensar en todos tus desafíos bajo una nueva luz de esperanza.

MIENTRAS TÚ NO SEAS EL PROTAGONISTA DEL SUEÑO QUE DIOS HA DISEÑADO PARA TI, TUS MALAS DECISIONES TE ESTARÁN ROBANDO TU DESTINO.

Ahora piensa: si vieras tus días como un conjunto de relatos que fueran a usarse para escribir un libreto y después producir con él una increíble película, ¿cómo vivirías?

¡Tu oportunidad es hoy! Es hora de reflexionar seriamente sobre el deseo que tienes de llegar a ser el protagonista de la película de tu vida. ¿Y por qué es necesario reflexionar? Porque muchas veces, sin darnos cuenta, tomamos decisiones que nos quitan el rol protagónico, y dejamos que otras personas o circunstancias nos arrebaten el papel principal de nuestra historia.

En algún momento de mi vida (habla nuevamente Timmy) entendí algo que me marcó, y que hasta el día de hoy tengo en cuenta muy a menudo cuando estoy por tomar alguna decisión. Lo que entendí fue que las decisiones difíciles son justamente las que determinan tu destino. Cada nuevo día se presenta con todo un mundo de posibilidades para escribir la historia de tu vida, ¡pero debes aprender a elegir bien! Piensa en esto: si

join and help you in that process! Many times, we try to leave behind those bad habits, attitudes, or actions alone, secretly, with only our own strength. But trying to win that battle alone is a waste of time because solitude is a slow death... Find battle companions who can encourage each other!

How is life measured? By the power of its story. But as long as you aren't the protagonist of the dream that God has designed for you, your bad decisions will be stealing your destiny. Remember, you have somewhere to go, a place where your heart reactivates and begins to beat strongly, where the excitement to start another day fills you with anticipation to find your voice and discover the impact your life can have. Dare to discover the beat of your heart that gives power to your story!

fueras a contar la historia de tu vida en base a tus decisiones, ¿cuál sería el latir de tu existencia? ¿Qué o quién tendría el rol protagónico en tu vida? ¿Cómo contarías la historia de tu vida hasta hoy?

Es común que cuando nos sinceramos frente a estas preguntas nos inunde un sentimiento de frustración. Sentimos que nuestro corazón comienza a latir más lentamente, y perdemos poco a poco la motivación, porque analizamos nuestra vida y la vemos como una rutina sin salida, un ciclo continuo de simplemente existir, donde nuestros sueños se convierten en una lejana ficción.

Tal vez al pensar acerca de tu vida descubras cosas que necesitas dejar atrás para poder avanzar... ¡Busca personas que te acompañen y te ayuden en ese proceso! Muchas veces intentamos dejar a un lado esos malos hábitos, actitudes o acciones nosotros solos, en secreto, con nuestras propias fuerzas. Pero intentar ganar esa batalla solos es una pérdida de tiempo, porque la soledad es una muerte lenta... ¡Encuentra compañeros de batalla con los que poder animarse mutuamente!

¿Cómo se mide la vida? Por el poder de su historia. Pero mientras tú no seas el protagonista del sueño que Dios ha diseñado para ti, tus malas decisiones te estarán robando tu destino. Recuerda que tienes un lugar adonde ir, un lugar donde tu corazón se reactiva y comienza a latir con fuerza, donde las ganas de comenzar otro día crean emoción y expectativa por encontrar tu voz y descubrir el impacto que tu vida puede tener. ¡Atrévete a descubrir el latido de tu corazón que produce poder en tu historia!

EPISODE ONE: SECRET IDENTITY

LEVEL 2 – UNIQUE BEAT

Each morning, when it's time to get out of bed and face the day, we make a very important decision: to put on our shoes! One day (says Timmy), I decided to start wearing different shoes on each foot. Yes, just like you're imagining! For example, a black shoe on my left foot and a white one on my right. As a result, I get asked the same question almost every day: "Why?" Honestly, I don't know what to answer, but I know I like it! And whether it's a valid answer or not, the truth is, it's been a great lesson for me in learning to be authentic in everyday, practical things.

It's hard to make history if you live your whole life repeating what others have already done, or if you endlessly try to duplicate what a person you admire does. Never forget: God has a unique dream for each of us. He has a vision for us to fulfill. He has a purpose for which each of us was born. Yes, it sounds incredible, but it's true!

EPISODIO UNO: IDENTIDAD SECRETA

NIVEL 2 – LATIDO ÚNICO

Cada mañana al despertar, cuando llega la hora de salir de la cama a enfrentar la vida, tomamos una decisión de suma importancia: ¡ponernos los zapatos! El caso es que cierto día (habla Timmy) se me ocurrió comenzar a usar distintos zapatos en cada pie. ¡Sí, así como te lo imaginas! Por ejemplo, negro en el pie izquierdo y blanco en el pie derecho. Como consecuencia, recibo la siguiente pregunta prácticamente todos los días: "¿Por quéee?". Honestamente no sé qué contestar, ¡pero sé que me gusta hacerlo! Y sea o no una respuesta válida, la verdad es que para mí ha sido una gran lección aprender a ser auténtico en las cosas prácticas y cotidianas.

ES DIFÍCIL HACER HISTORIA SI VIVES TODA TU VIDA REPITIENDO LO QUE OTRAS PERSONAS YA HICIERON.

Es difícil hacer historia si vives toda tu vida repitiendo lo que otras personas ya hicieron, o si intentas duplicar incansablemente lo que hace cierta persona a la que tú admiras. Nunca lo olvides: **Dios tiene un sueño para cada uno de nosotros. Él tiene una visión para que la completemos. Tiene un propósito para el cual cada uno de nosotros hemos nacido.** ¡Sé que suena increíble, pero es así!

I also know many of us have big dreams about things we'd like to do, but we don't know how, when, or where... Maybe some of us dream so much that we'd be mistaken for Joseph! Remember? Even his own brothers spoke of him mockingly, saying, *"Here comes that dreamer!" (Genesis 37:19, NIV).*

Great dreamers are often misunderstood and constantly mocked. But the truth is, that's the big difference between living a mediocre life and fully achieving God's dream for your life! Joseph dreamed big and became a hero who saved his entire family and many others. But remember, he remained true to himself throughout his journey!

Understanding that you are here on Earth to fulfill a specific dream that no one but you can accomplish should drive you to explore all the possibilities your ideas and initiatives offer. Don't be a poor imitation of someone else. Let your creativity lead you to be original! Remember, you were designed with a specific and unique code, and if you stray from your design, you lose the meaning that can lead you to accomplish something transcendent.

Marcos Vidal wrote a song about the life of a clown that brilliantly tells a story proving this point: "The truth is, he was unhappy inside; he thought it was ridiculous to paint his nose, he admired the acrobatics, and he wanted to be a tightrope walker..." In the end, this clown realized that the best thing he could do with his life was fulfill the mission God had given him!

Making history doesn't depend on what you want to do, but on what you were designed to do. When you discover what you're good at, you start to make an impact around you! God is most interested in making history through your life. However, it's important that you're in line with what He has in mind for you.

Distractions, and even unfocused ambitions, make us lose a lot along the way. We lose opportunities, we lose time... and slowly, our days can turn into valuable wasted years. We lose

También sé que muchos tenemos grandes sueños de cosas que nos gustaría hacer, solo que no sabemos cómo, cuándo, dónde... ¡Incluso quizá algunos soñamos tanto que nos confundirían con José! ¿Recuerdas? Sus propios hermanos se referían a él despectivamente diciendo: *"¡Aquí viene el soñador!..."* (Génesis 37:19).

Los grandes soñadores suelen ser malinterpretados, y suelen ser objeto de burla constante. ¡Pero la realidad es que esa es la gran diferencia entre vivir una vida mediocre y cumplir en plenitud el sueño de Dios para tu vida! José soñó en grande y se convirtió en un héroe que salvó a toda su familia y a muchas personas más. ¡Pero recuerda que él se mantuvo fiel a sí mismo a lo largo de su travesía!

Entender que estás aquí en la tierra para cumplir un sueño específico que nadie más que tú puede lograr debe impulsarte a explorar al máximo las posibilidades de tus ideas e iniciativas. No seas una mala copia de alguien. ¡Que tu creatividad te lleve a ser original! Recuerda que fuiste diseñado con un código específico y único, y que si te desvías de tu diseño perderás el sentido que puede llevarte a lograr algo trascendente.

Marcos Vidal escribió una canción acerca de la vida de un payaso en la que cuenta magistralmente una historia que prueba este punto: *"Y el caso es que en el fondo era un infeliz, le parecía ridículo pintarse la nariz, lucía mucho más un salto mortal y él quería ser equilibrista..."*. ¡Finalmente este payaso comprendió que lo mejor que podía hacer con su vida era cumplir la misión que Dios le había dado!

Hacer historia no depende de lo que tú quieras hacer, sino de lo que fuiste diseñado para hacer. ¡Cuando descubres para qué eres bueno comienzas a causar un impacto a tu alrededor! Dios es el mayor interesado en hacer historia a través de tu vida. Sin embargo, es importante que estés dentro de lo que él tiene en mente para ti.

agility in the abilities we have, and we even lose valuable relationships that love and support us. If this is your case, today is a good day to stop regretting what you've lost and go after it to redeem it!

Today is your moment, like the one Indiana Jones had in The Last Crusade—remember? He had to do the impossible to redeem the cup that had the potential to change the fate of an entire civilization. And this is your day to go to the ends of the Earth to redeem whatever you may have lost along the way!

Paul challenges us with a phrase he wrote to the Ephesians, saying:

> *"Be very careful, then, how you live—not as unwise but as wise, making the most of every opportunity, because the days are evil. Therefore do not be foolish, but understand what the Lord's will is."*
>
> *—Ephesians 5:15-17 (NIV)*

IN THE END, YOU HAVE TWO OPTIONS: WATCH HISTORY PASS BY OR MAKE HISTORY.

Is this a warning or an invitation? It's both! When we neglect our way of living, we can lose everything. The good thing is that having to go and find what we've lost along the way leaves us with a lifelong lesson: we must live to the fullest and make the most of every opportunity!

Redeeming what's been lost is feeling your heart beat again. And whether you're ready or not, something is going to happen. So wake up every day with great expectations!

In the end, you have two options: watch history pass by or make history. But don't fool yourself. Achieving your own dreams doesn't guarantee you'll impact history. Fulfilling God's

Las distracciones, e incluso las aspiraciones desenfocadas, nos llevan a perder mucho en el camino. Perdemos oportunidades, perdemos tiempo... y poco a poco los días se pueden convertir en valiosos años desperdiciados. Perdemos agilidad en las capacidades que tenemos, e incluso perdemos relaciones valiosas que nos aman y apoyan. Si este es tu caso, ¡hoy es un buen día para dejar de lamentar lo que has perdido, e ir en busca de ello para redimirlo!

Hoy es tu momento, como el que tuvo Indiana Jones en *La última cruzada*, ¿lo recuerdas? Él tuvo que hacer lo imposible por redimir esa copa que tenía el potencial de cambiar el destino de toda una civilización. ¡Y este es tu día, de ir hasta las últimas consecuencias para redimir lo que sea que hayas perdido en el camino!

Pablo nos incomoda con una frase que les escribió a los efesios, diciéndoles:

> *"Así que tengan cuidado de cómo viven. No vivan como necios sino como sabios. Saquen el mayor provecho de cada oportunidad en estos días malos. No actúen sin pensar, más bien procuren entender lo que el Señor quiere que hagan".*
>
> *Efesios 5:15-17*

¿Esto es una advertencia o una invitación? ¡Pues las dos cosas! Cuando descuidamos nuestra manera de vivir podemos perderlo todo. Lo bueno es que el tener que salir a buscar lo que hemos perdido en el camino nos deja una lección para toda la vida: ¡debemos vivir al máximo y aprovechar cada oportunidad!

Redimir lo perdido es sentir que el corazón vuelve a latir. Y ya sea que estés listo o no, algo va a suceder. Así que, ¡despiértate todos los días teniendo grandes expectativas!

dream for you is what will truly make you part of those heroes God uses to transform lives and shape the history of the world!

In the Bible, we find three things that all those who fulfilled their dreams and made history had in common:

- They lived an intense spiritual life by involving the Spirit of God at every point in their plan.
- They had an unquenchable passion for the Word of God, which became the GPS that guided them to their destination.
- They surrounded themselves with the right people, who inspired them with vision and hope.

We begin this level with a desire to make history and with questions about how, when, and where... Following the example of the men and women of the Bible who shaped many eras of humanity is a good starting point!

The decision is now in your hands... Will you watch history pass by, or will you make history?

En el fondo, tienes dos opciones: ver pasar la historia o hacer historia. Pero no te engañes. Cumplir tus propios sueños no te garantiza impactar la historia. ¡Cumplir el sueño que Dios tiene para ti es lo que seguro te llevará a ser parte de aquellos superhéroes que Dios utiliza para transformar vidas y moldear la historia del mundo!

EN EL FONDO, TIENES DOS OPCIONES: VER PASAR LA HISTORIA O HACER HISTORIA.

En la Biblia podemos descubrir tres cosas que tienen en común todos aquellos que al cumplir sus sueños hicieron historia:

- Vivieron una vida espiritual intensa al incluir al Espíritu de Dios en cada punto de su plan.
- Tenían una pasión inextinguible por la Palabra de Dios, la cual se convirtió en el GPS que los ayudó a llegar a su destino.
- Se rodearon de las personas correctas, las cuales les inyectaron visión y esperanza.

Empezamos este nivel con una inquietud por hacer historia y con los interrogantes de cómo, cuándo y dónde... ¡Seguir el ejemplo de los hombres y mujeres de la Biblia que moldearon múltiples etapas de la humanidad es un buen punto de partida! Entonces, la decisión está en tus manos... ¿Verás pasar la historia o harás historia?

EPISODE ONE: SECRET IDENTITY

LEVEL 3 – UNUSUAL HUMAN

I remember (says Timmy) the first Christmas Katia and I spent alone after we got married. It was spectacular! We celebrated on a giant balcony in a very tall building on a mountain overlooking the city. We didn't have time to set up a real Christmas tree, so we improvised with an image on an iPad, positioning a nice picture from the web as our tree.

From that day on, we decided to always use creativity to make the best of every situation. Many times, you might focus on the things you lack, but really, if you pay a little attention to what you already have, you might find that you have everything you need!

I also remember that night, after we took time to celebrate Jesus and give thanks for His coming to Earth, honoring Him for taking on the challenge of saving humanity (including us—thank you, Lord!), it was time for gifts. Katia handed me a huge box, and I tore through the wrapping to find... my favorite toy: Legos!

You probably know what Legos are: those little plastic

EPISODIO UNO: IDENTIDAD SECRETA

NIVEL 3 – HUMANO INSÓLITO

Recuerdo (habla Timmy) la primera Navidad que vivimos a solas Katia y yo después de casarnos. ¡Fue espectacular! La pasamos en un balcón gigante de un edificio muy alto ubicado sobre una montaña frente a la ciudad, y con nuestro árbol de Navidad improvisado en un iPad porque no tuvimos tiempo de poner uno real, así que buscamos una buena foto en la Web y la acomodamos allí.

Desde ese día en adelante, decidimos siempre usar el ingenio para sacar lo mejor de cada circunstancia. Seguramente muchas veces te habrás enfocado en las cosas que te hacen falta, pero en realidad, si pones un poco de atención a lo que ya tienes, ¡puede que tengas todo lo que necesitas!

También recuerdo que esa noche, después de tomar un tiempo para celebrar a Jesús y agradecer su venida a la tierra, honrándolo por tomar el desafío de salvar a la humanidad (¡incluidos nosotros, gracias Señor!), llegó la hora de los regalos. En ese momento Katia me entregó una caja enorme, y yo, como un desesperado, desgarré el papel para descubrir que el regalo era... ¡mi juguete favorito! ¡¡Legos!!

blocks in different colors, sizes, and shapes. It's an extraordinary toy because with a bit of perseverance and creativity, you can literally create whatever you want!

WHAT'S THE USE OF ALL THE UNIQUE AND SPECIAL QUALITIES GOD GAVE US IF WE USE THEM ONLY TO BE LIKE EVERYONE ELSE?

Now, there are two types of people when it comes to Legos: some prefer to build the pre-designed models by following the instruction manual, and others prefer to build without instructions, using only creativity and imagination. For playing with these blocks, both approaches are valid and respectable, depending on individual taste. But when it comes to our lives... I prefer to be creative! What's the use of all the unique and special qualities God gave us if we use them only to be like everyone else?

Copying others is easier and less risky. Being tirelessly original requires constant effort and constantly challenges us not to fall into monotony. Even with all the options and tools we have today, we can quickly reach a point where we feel like we're out of new ideas. At some point in life, we all hit that impenetrable wall of a lack of purpose, and that's often when we choose to become something we're not. Don't let a feeling or series of negative thoughts steal the ability to live what only you can live!

How risky it is to let the mind or heart dictate what we do! Remember Proverbs 4:23 says:

Above all else, guard your heart, for everything you do flows from it."

—Proverbs 4:23 (NIV)

Seguramente sabes lo que son los Legos: unos pequeños bloques de plástico que vienen en distintos colores, tamaños y formas. ¡Es un juguete extraordinario, porque con un poco de perseverancia y creatividad puedes literalmente crear lo que quieras!

¿DE QUÉ SIRVE TODO LO ÚNICO Y ESPECIAL QUE DIOS NOS DIO SI LO USAMOS PARA SER IGUALES A OTRAS PERSONAS?.

Ahora bien, existen dos *teams* distintos con el tema de los Legos: hay algunas personas que prefieren construir los modelos ya diseñados siguiendo el manual de instrucciones, y hay otras que prefieren construir sin el manual, usando solo su creatividad e imaginación. Para jugar con estos bloques creo que ambas alternativas son válidas y respetables, dependiendo de los gustos de cada uno. Pero en el caso de nuestras vidas... ¡yo prefiero ser creativo! ¿De qué sirve todo lo único y especial que Dios nos dio si lo usamos para ser iguales a otras personas? Es cierto que copiar a otros es más fácil e implica menos riesgos. Ser incansablemente originales requiere de mucho trabajo constante, y nos coloca permanentemente frente al desafío de no caer en la monotonía. Aun con todas las opciones y herramientas que tenemos hoy en día, podemos llegar muy rápido a un punto en el cual sentimos que ya no tenemos nuevas ideas. Todos en algún momento de nuestras vidas nos topamos con esa muralla impenetrable de la falta de propósito, y muchas veces es allí donde optamos por convertirnos en algo que no somos. ¡No permitas que un sentimiento, o una serie de pensamientos negativos te roben la capacidad de vivir lo que solo tú puedes vivir!

¡Qué riesgoso es que la mente o el corazón dirijan lo que hacemos! Recuerda que en Proverbios 4:23 dice: *"Sobre todas*

Jeremiah also reminds us of the heart's deception:

"The heart is deceitful above all things and beyond cure. Who can understand it?"

—Jeremiah 17:9 (NIV)

Sometimes, we find ourselves spinning in circles or reasoning without direction, simply because our heart is confused or exhausted, our ideas are drained, our tools worn out, or we've settled into a routine and our life has become stagnant... And water without movement is lifeless water.

Have you ever felt cornered, sad, or unmotivated? You might have thought, "This is it," "No more," "I can't do it," "I don't want to keep going." Or, "Why am I struggling so much for this?" You've probably felt that way at some point, haven't you? But don't believe those lies! In fact, we think this is a great time for a challenge. Look in a mirror and read these words aloud: "I choose not to trust my feelings or emotions, because they come from temporary circumstances. I choose instead to trust in God, who designed me with special qualities and talents and will guide me to use them for His purposes."

God will do His part, but you need to do yours. Don't stop dreaming and get to work! And when you reach a bland stage in life, don't slow down, because the life you're living is actually a dream from God, and in time, He will come unexpectedly with a box full of new possibilities. When you have no more ideas, tools, or strength, He will come to the rescue!

One of the greatest examples of this is the encounter Jesus had with the Samaritan woman. Imagine you're going to the market for something your home needs, and when you arrive, you meet... Jesus! What a surprise, right? Many of us would feel our legs shaking with excitement or nerves. Maybe some of us would react like that woman, and at first, we wouldn't realize it

las cosas cuida tu corazón, porque este determina el rumbo de tu vida". También en Jeremías 17:9-11 leemos que el corazón humano es engañoso. En ocasiones nos encontramos dando vueltas sin sentido, o razonando sin fundamento, simplemente porque nuestro corazón está confundido o cansado, porque nuestras ideas se han agotado, porque las herramientas que teníamos se han desgastado, o porque nos acomodamos a una rutina y nuestra vida se convirtió en un pantano... Y agua sin movimiento es agua sin vida.

¿Alguna vez te sentiste acorralado, triste o sin motivación? Probablemente en ese momento pensaste cosas como: "Hasta aquí", "No más", "Ya no puedo", "Ya no quiero". O "No hay necesidad de que esté luchando tanto por esto...". Seguro te has sentido así en algún momento, ¿verdad? ¡Pues queremos decirte que no te creas esas mentiras! De hecho, pensamos que este es un buen momento para un #challenge. Busca un espejo y lee estas palabras en voz alta: *"Yo decido no confiar en mis sentimientos o emociones, porque estos surgen de circunstancias temporales. Yo decido, en cambio, confiar en Dios, quien me diseñó con cualidades y talentos especiales, y me guiará a usarlos para sus propósitos".*

Dios hará su parte, pero a ti te corresponde hacer la tuya. ¡No dejes de soñar y ponte a trabajar! Y cuando llegues a una etapa desabrida en la vida, no bajes la velocidad, porque la vida que estás viviendo en realidad es un sueño de Dios, y en su momento él llegará inesperadamente con una caja repleta de más posibilidades. Cuando ya no tengas ideas, herramientas o fuerzas, ¡él llegará al rescate!

Uno de los más grandes ejemplos de esto lo vemos en el encuentro que Jesús tuvo con la mujer samaritana. Imagínate que un día vas al mercado por algo que hace falta en tu casa, y cuando llegas allí te encuentras a... ¡Jesús! Vaya sorpresa, ¿verdad? Muchos sentiríamos que las piernas nos tiemblan de emoción o de nervios. Tal vez a otros nos pasaría como a

was Jesus. But the beauty of this encounter is that after talking with her a bit, Jesus says something that could sound crazy:

> *"Whoever drinks the water I give them will never thirst. Indeed, the water I give them will become in them a spring of water welling up to eternal life."*
>
> *—John 4:14 (NIV)*

It's curious, but when Jesus asks us for something ordinary, we usually have no enthusiastic reaction. However, when He offers something impossible, that is what ignites us!

Do you want to stay fresh with new ideas, with a spark of creativity? Jesus offers you to drink the water He provides so that you can become an inexhaustible source of life. Many times, when our dreams are stuck in a dry, barren place, it's because we're missing that water. And the most wonderful part is that when we choose to accept this gift from Jesus, we splash life to all those around us! At the same time, we also find the strength to keep working on what God designed us for.

GOD WILL DO HIS PART, BUT YOU NEED TO DO YOURS.

The combination of who you are and what God gives you creates a powerful fusion that can change the world, but it's up to you to build and work. And remember: even when the fierce enemy of your soul comes to steal the life of your spirit and kill your dreams—coming with lies to accuse you, point fingers, and discredit your constant effort—don't be frightened. We all know that the devil is the greatest liar, and his purpose is to deceive your mind:

aquella mujer, y al principio no nos daríamos cuenta de que se trata de Jesús. Pero lo hermoso de este encuentro es que, luego de hablar un poco con ella, Jesús le dice a la mujer algo que podría parecer una locura: *"...el que beba del agua que yo le daré no volverá a tener sed jamás, sino que dentro de él esa agua se convertirá en un manantial del que brotará vida eterna"* (Juan 4:14, NVI). Es curioso, pero cuando Jesús nos pide algo ordinario, por lo general no tenemos ninguna reacción de entusiasmo... sin embargo, cuando nos propone algo imposible, ¡eso sí que nos activa!

¿Quieres mantenerte siempre con propuestas nuevas, siempre con una chispa de creatividad? Jesús te propone que tomes del agua que él te provee para que seas una fuente inagotable de vida. Muchas veces, cuando nuestros sueños están atascados en algún lugar árido y estéril, es porque nos hace falta de esa agua. ¡Y lo más maravilloso es que cuando decidimos recibir este regalo de Jesús, salpicamos de vida a todo nuestro alrededor! Paralelamente, en el proceso también encontramos fuerzas para continuar trabajando en aquello para lo cual Dios nos diseñó.

DIOS HARÁ SU PARTE, PERO A TI TE CORRESPONDE HACER LA TUYA.

La combinación de lo que tú eres con lo que Dios te da provoca una potente fusión que puede cambiar el mundo, pero de ti depende construir y trabajar. Y recuerda: aun cuando venga el furioso enemigo de tu alma a intentar robarte la vida de tu espíritu y matar tus sueños (llegará con mentiras para acusarte, señalarte y desacreditar tu constante esfuerzo), no te espantes. Todos sabemos que el diablo es el más grande mentiroso, y que su finalidad es engañar tu mente (Juan 8:44). En esos momentos, tú debes declarar la Palabra, que es mucho más imponente. En Génesis 46:3-4 (NVI) dice: "*–Yo soy Dios, el Dios de tu padre [...] No*

> *"When he lies, he speaks his native language, for he is a liar and the father of lies."*
>
> *—John 8:44 (NIV)*

In those moments, you must declare the Word, which is much stronger:

> *"I am God, the God of your father... Do not be afraid to go down to Egypt, for I will make you into a great nation there. I will go down to Egypt with you, and I will surely bring you back again."*
>
> *—Genesis 46:3-4 (NIV)*

It is reassuring to know that God has a precise agenda for you! You are an original and unique person, and just as your fingerprint is exclusive, so is God's plan for your life, and only you can fulfill your destiny. Don't try to be someone you're not. Don't stop, and never be afraid, because He will be with you every step of the way!

tengas temor de ir a Egipto, porque allí haré de ti una gran nación. Yo te acompañaré a Egipto y yo mismo haré que vuelvas...". ¡Hay esperanza al saber que Dios tiene una agenda precisa para ti! Tú eres una persona original y única, y así como tu huella digital es exclusiva, el plan de Dios para tu vida también es exclusivo y solo tú puedes cumplir con tu destino. No te esfuerces por ser alguien que no eres. ¡No te detengas, y jamás tengas miedo, porque él estará contigo a cada momento!

EPISODE TWO: GIVING UP IS NOT AN OPTION!

EPISODIO DOS: ¡RENDIRTE NO ES UNA OPCIÓN!

EPISODE TWO: GIVING UP IS NOT AN OPTION!

LEVEL 4 – BOLD DETERMINATION

Back in high school (says Timmy), I had a class called "Creativity." Yes, it was strange to me, too, when I saw the list of subjects at the start of the semester: Algebra, Anatomy, Geography, Psychology, Sociology, History, and... Creativity?! I thought, "What kind of class is this?" For our final exam, we had to complete a creative project. Then I thought, "What could be more creative than art?" It was the perfect excuse to turn up the volume! My friends and I decided our project would be to put on a concert. Now, just to be clear, this was the first "event" we ever organized. All we had was our complete inexperience and our desire to get a good grade!

Not only was it our first event, but it would also be our band's first public concert, so there was a lot on the line. Expectations were sky-high! With only a month to prepare, we began working hard on two things: the event and rehearsals.

Finally, the big day came, and everything was ready—or so we thought. Four hours before the event, we were told our permit to use the public space had been canceled. We rushed to City Hall to speak with the Mayor, and that's when we learned that you can't just walk into the Mayor's office for a quick chat. But we didn't know that, so we made it right to his office door without permission or anyone stopping us. We were determined to make our case.

EPISODIO DOS: ¡RENDIRTE NO ES UNA OPCIÓN!

NIVEL 4 – DETERMINACIÓN AUDAZ

Cuando estaba en la escuela secundaria (habla Timmy) tuve una materia que se llamaba "Creatividad". ¡Sí, a mí también se me hizo extraño cuando comenzó el semestre y vi la lista de asignaturas! Leí: "Álgebra, Anatomía, Geografía, Psicología, Sociología, Historia, y... ¡¿Creatividad?!". ¿Quéee? Bueno, pues resulta que el examen final de esa asignatura era completar un proyecto creativo. Entonces pensé: "¿Qué puede ser más creativo que el arte?". ¡Era el mejor momento para subirle el volumen! ¡La excusa perfecta para hacer ruido! Mis amigos y yo decidimos que el proyecto consistiría en producir un concierto. Ahora bien, solo para aclarar, este era el primer "evento" que organizábamos... ¡Únicamente contábamos con nuestra total inexperiencia y con nuestras ganas de obtener una buena calificación en la clase!

Pero no solo era el primer evento que organizábamos, también sería el primer concierto de nuestra banda en público, de manera que había mucho en juego. ¡Las expectativas eran altísimas! Con tan solo un mes de tiempo para preparar todo, comenzamos a trabajar arduamente en dos cosas: el evento y los ensayos.

Finalmente llegó el día, y todo estaba listo. O eso pensábamos... Cuatro horas antes de que comenzara el evento nos notificaron que nos habían cancelado el permiso para usar el

He was busy and couldn't see us, but someone on his team heard us out and helped resolve the issue. Unfortunately, we lost two valuable hours we needed to finalize other event details. We ran back to the venue and started cleaning, waiting for the sound and lighting equipment to arrive. Our nerves were on edge, but we channeled that energy into working even harder to ensure everything was perfect. We wanted this to be more than a simple event or a school project; we hoped it could ignite a movement.

IF YOU REALLY WANT TO LIVE, TAKE MORE RISKS THAN OTHERS THINK IS SAFE!

With numerous delays, it was finally time to start... and the venue was completely empty! We were stunned. We had invited everyone in our high school, handed out 15,000 printed invitations, and still didn't have enough people to fill a 300-person venue!

Since no one was there, we decided to wait a bit. Honestly, we wanted the night to end then and there, as we were embarrassed by such a huge failure. But after thirty minutes, we decided to start anyway. When the music began, a few people around the area drifted closer, and eventually, some friends and acquaintances we'd invited showed up. At first, no one showed any excitement about the songs we'd prepared. Frustrating!

Until we reached the third song–a mix of hard rock and punk, full of energy. As we played, the crowd finally woke up! It was as if a powerful engine had roared to life. The audience started shouting, jumping, running, and singing–well, not the lyrics since they didn't know the words, but they sang whatever came to mind!

For a few brief minutes, we forgot all the day's disappointments and simply enjoyed the moment. We were rocking out

espacio público que habíamos pedido. De inmediato decidimos dirigirnos al Palacio Municipal para hablar con el Presidente Municipal. Ese fue el día en que aprendimos que no puedes simplemente llegar a la oficina del presidente y tomarte una taza de café con él... Pero como no sabíamos eso, llegamos hasta la puerta de su oficina prácticamente sin pedir permiso y sin que nos detuvieran. Estábamos decididos a exponerle nuestro caso.

SI REALMENTE QUIERES VIVIR, ¡ARRIESGA MÁS DE LO QUE OTROS CREEN QUE SEA SEGURO!

Él estaba muy ocupado ese día y no nos pudo atender. Sin embargo, alguien de su equipo nos escuchó y resolvieron el asunto... ¡Solo que en ello perdimos dos horas de tiempo valioso que necesitábamos para otras cosas que teníamos que ajustar para esa noche! Corrimos hasta la sede del evento y comenzamos a limpiar, en espera del equipo de audio e iluminación para el concierto. Estábamos realmente muy inquietos por los nervios, sentimiento que enfrentábamos por primera vez. Pero aprovechamos esa energía para trabajar aún más fuerte y procurar la excelencia en todo. Teníamos la ilusión de que no sería un simple evento, o una simple tarea escolar, sino un momento que podría encender un movimiento...

Con un sinnúmero de retrasos, por fin llegó la hora de empezar... ¡y el lugar estaba totalmente vacío! Nos sentíamos realmente confundidos. Habíamos invitado a toda nuestra escuela secundaria, además de distribuir 15.000 invitaciones impresas, ¡y ni aun así logramos tener suficiente gente como para llenar un espacio para trescientas personas!

Como no había nadie, decidimos esperar un poco. En realidad, queríamos que la noche terminara ya, debido a la vergüenza que nos daba enfrentar semejante fracaso.

on stage with all our energy when suddenly, from nowhere, absolute chaos broke out. Two gangs had arrived, and a violent fight broke out in the middle of our performance! We stopped playing and rushed off stage to try and break up the fight. Some of the kids were already hurt, bleeding, when we heard police sirens, and the fight stopped immediately. We were in shock but went back on stage to finish the concert.

Those last songs were frustrating. It was clear the event had spiraled out of control, and by the end, we felt utterly defeated. We went outside to get some air. In the quiet darkness of that night, heads hung low, facing the harsh reality of failure, I realized that if you never fail, it probably means you haven't tried anything truly meant for you. If everything always goes perfectly, you may not have found what you're truly meant to do. Failure is essential for truly living, and these deep feelings of desolation provide a foundation of invaluable worth that helps us grow.

The fear of hitting rock bottom will always keep you in a comfort zone where you'll never risk anything. If you really want to live, take more risks than others think is safe! Failure is where you build the foundation, the roots. Think about it: no one sees the foundation of a great building and says, "Wow, what a beautiful foundation!" Foundations are hidden, but they're essential for supporting what can be seen.

Returning to that night at our first concert, there's one more moment I want to share. After we finished, as we sat there outside, trying to make sense of everything that had happened, a stranger approached us. He took our arms, lifted us up, and said, "Thank you!" We were confused, unsure of what he meant, but his next words stayed with us forever: "Head up, chest out. Come on, get up!" And then he left.

Pero finalmente, con treinta minutos de retraso, decidimos comenzar. Cuando empezó a sonar la música algunas personas que estaban por ahí se acercaron, y luego fueron llegando algunos amigos y conocidos que habíamos invitado. Pero al principio nadie mostró ningún entusiasmo por las canciones que habíamos preparado para ese día. ¡Qué frustración! Hasta que llegamos a la tercera canción, que era una mezcla de rock duro y punk... Esa era una canción llena de energía. Comenzamos a tocarla, ¡y sí emocionó a la gente! Parecía como si en ese momento se hubiera encendido un motor poderoso de alguna nave espacial lista para el despegue. Los asistentes empezaron a gritar, saltar, correr y cantar... bueno, cantar lo que se les ocurría, ¡porque no conocían la canción y por lo tanto no sabían la letra!

Durante unos breves minutos nos olvidamos de todas las penas del día y simplemente disfrutamos el momento. Y estábamos ahí felices, "rockeando" en el escenario con toda la furia, cuando de repente, en un segundo, de la nada, se desató el caos absoluto. ¡Habían llegado al lugar dos pandillas y se había desatado una lucha campal mientras tocábamos! La canción no había terminado, pero dejamos de tocar y bajamos del escenario para intentar detener la pelea. Había jóvenes golpeándose muy violentamente, algunos ya sangrando, cuando se escucharon algunas sirenas de policía y la pelea se detuvo en seco. Tratando de acomodar dentro de nuestras cabezas las piezas del rompecabezas para poder continuar de alguna manera, subimos al escenario a terminar el concierto.

Esas últimas canciones fueron muy frustrantes. Era evidente que el evento se había salido de control, y cuando terminó nos sentíamos totalmente desanimados. Salimos del lugar para tomar un poco de aire. En el silencio y la oscuridad de aquella noche, con la cabeza gacha y enfrentados cara a cara con el rotundo fracaso, entendí que si no fracasas en algún momento, es probable que sea porque no has intentado hacer algo realmente diseñado para ti. Si todo te sale siempre bien, siempre

To this day, we can't remember his face, and we never learned his name, but it was clear to us then and forever that no matter how ugly failure may be, giving up is not an option!

When you make mistakes, get hurt, or fall, it doesn't matter what happens while you're down. What matters is your hope for what will come after you take the first step to get up. So go ahead! Lift your head, shout louder than the pain, and keep moving forward!

perfecto, es porque aún no has encontrado lo que realmente deberías estar haciendo. ¡El fracaso es fundamental para que comiences a vivir! Y esos sentimientos de desolación profunda sirven solo para darle a nuestras vidas un fundamento de valor incalculable que nos hace crecer.

El miedo a tocar fondo, a caer en lo más bajo, siempre te va a mantener en una zona de comodidad donde nunca te arriesgarás a nada. Si realmente quieres vivir, ¡arriesga más de lo que otros creen que sea seguro! Es en el fracaso donde construyes los cimientos del edificio, los fundamentos. Ahora piensa: nadie ve los cimientos de un gran edificio y dice: "¡Vaya, qué bonitos cimientos!". Nunca. Los cimientos de una construcción quedan enterrados, pero son imprescindibles para sostener lo que sí se ve.

Volviendo a aquella noche de nuestro primer concierto, hay un momento más que quiero compartir contigo. Luego de terminar, mientras estábamos sentados allí afuera tomando aire e intentando contestar en nuestra mente mil preguntas sobre lo que había sucedido, llegó un desconocido. Nos tomó del brazo a mis amigos y a mí para levantarnos, y nos dijo: "¡Gracias!". Estábamos confundidos, y no entendíamos lo que intentaba decirnos, pero sus próximas palabras nos cambiaron para siempre: "La frente en alto y el pecho afuera. ¡Vamos, arriba!". Y se fue.

Aún hoy no podemos recordar su cara, y nunca supimos su nombre, pero nos quedó claro de una vez y para siempre que no importa qué tan feo sea el fracaso, ¡rendirse no es una opción!

Cuando te equivoques, te lastimes o te caigas, no importa lo que suceda en el piso, tu expectativa debe estar puesta en lo que vendrá tras el primer paso que des luego de ponerte en pie. ¡Vamos! ¡Levanta la frente, grita más fuerte que el dolor, y continúa avanzando!

EPISODE TWO: GIVING UP IS NOT AN OPTION!

LEVEL 5 – INEXPLICABLE STRENGTH

There are many ways to walk, and everyone has their own unique way. But when we see someone struggling to even lift their feet, we might wonder: if they've already given up on something as simple as walking, how will they handle life's big challenges?

A MASSIVE MOUNTAIN IS CONQUERED STEP BY STEP.

In a way, life is like a massive mountain you must climb. There's no option—you have to reach the top one way or another. And after climbing many mountains with Timmy (says Katia), there's one thing we've learned that might help you. The secret we discovered is this: a massive mountain is conquered step by step. No matter how big the mountain is, this truth always holds!

Another thing we learned is that the mountain brings out the worst in a person, but it also forges the best.

I remember a cold, foggy morning (continues Katia) when we arrived at the "heights of Europe" to climb a mountain we'd never faced before. We felt both excited and nervous—the same feeling you get when you decide to start a new, special project in your life! That mix of excitement and nerves is indescribable, but once you've felt it, you can't forget it. There, facing

EPISODIO DOS: ¡RENDIRTE NO ES UNA OPCIÓN!

NIVEL 5 – FUERZA INEXPLICABLE

Hay muchas formas de caminar, y cada persona tiene su forma particular de hacerlo. Pero cuando vemos a alguien intentar caminar, y notamos que no tiene ni fuerza para levantar los pies, podemos pensar: si en algo tan sencillo ya se dio por vencido, ¿cómo tendrá fuerzas para los desafíos grandes de la vida?

En un sentido, la vida es como una montaña inmensa que tienes que escalar. No hay opción. Tienes que llegar a la cima de una manera u otra. Y después de haber escalado muchas montañas con Timmy (habla Katia), hay una cosa que hemos aprendido y que creemos puede ayudarte. El secreto que hemos descubierto es este: una montaña enorme se conquista paso a paso. De hecho, no importa cuán grande sea la montaña, ¡esta verdad se cumple siempre!

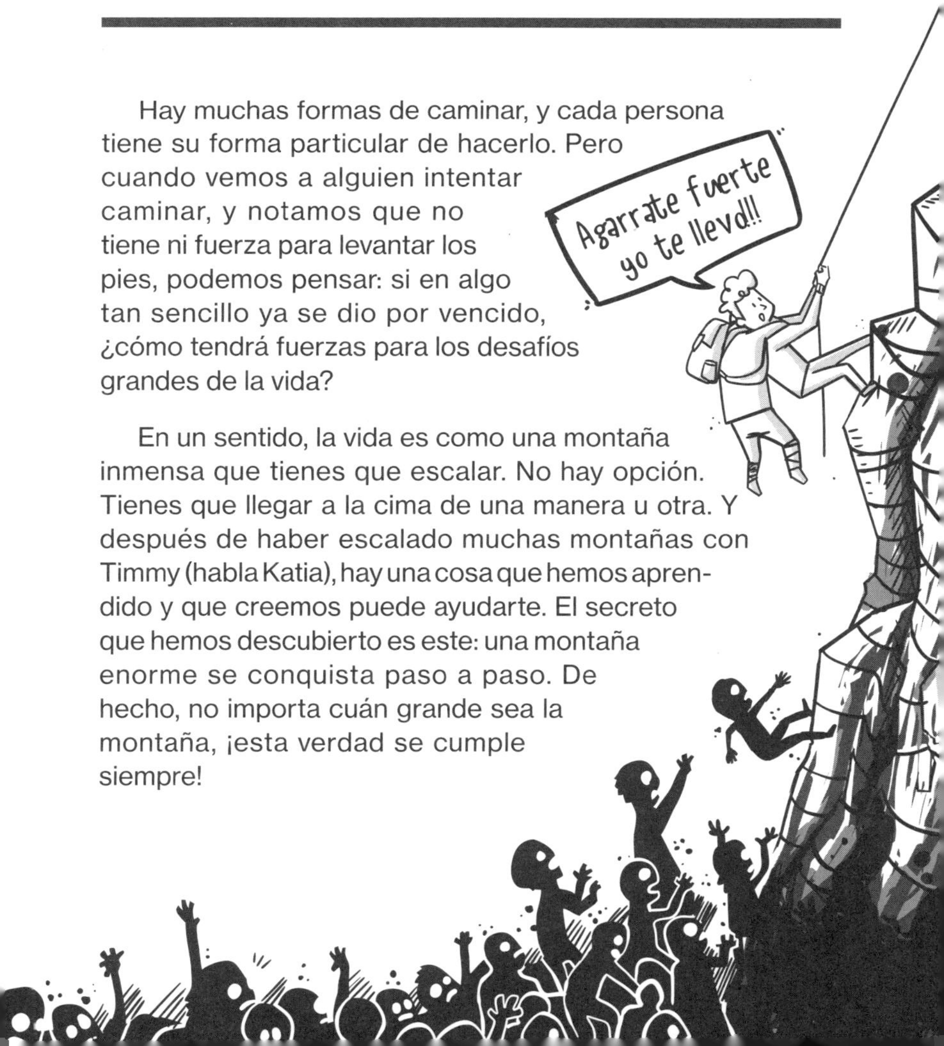

the trail that would lead us to the summit, we took a few minutes to stretch, adjust our backpacks, tighten our boots, and begin the journey.

CLIMBING A MOUNTAIN DEMANDS DETERMINATION AND PERSEVERANCE... JUST LIKE ACHIEVING ANYTHING IN LIFE!

It was a spectacular trek. After entering a canyon surrounded by snow-capped peaks, we finally stood face-to-face with the mountain. Although we grew tired and felt pain in various parts of our bodies, we never took our eyes off the summit. Our team's resilience in conquering that mountain was incredible. No one complained or expressed a desire to turn back. Yes, there were moments when we had to pause to catch our breath, but facing the majestic Alps was no easy feat. Quite the opposite – it was a journey filled with challenges, fears, and doubts. But step by step, everyone in our expedition finally conquered that towering mountain.

What we want to highlight is this: climbing a mountain demands determination and perseverance... just like achieving anything in life! As C. S. Lewis famously said, "The safest road to hell is the gradual one – the gentle slope, soft underfoot, without sudden turnings, without milestones, without signposts." Curiously, the road to living a hell on earth is similar: boring, monotonous, and, above all, average... But you weren't designed for that dull path! So we want to encourage you not to settle, not to miss out on the best in life by taking the easy way out. Just as we kept our eyes fixed on the mountain summit, keep your eyes set on all the amazing things you can accomplish if you push yourself!

Otra cosa que aprendimos es que la montaña saca lo peor de una persona, pero también forja lo mejor.

Recuerdo una mañana fría y nublada (continúa hablando Katia) en la que habíamos llegado a "los altos de Europa" para escalar una montaña que nunca antes habíamos enfrentado. Nos sentíamos emocionados y nerviosos a la vez... ¡Con esa misma sensación de cuando te decides a comenzar algún proyecto nuevo y especial en tu vida! Esa combinación de emoción y nervios es inexplicable, pero si alguna vez la sentiste, no puedes olvidarla. Allí, frente al camino que nos llevaría a la cumbre, nos tomamos unos minutos para hacer algunos ejercicios sencillos de estiramiento, ajustamos las correas de nuestras mochilas, apretamos los cordones de nuestro calzado y comenzamos la expedición.

SUBIR UNA MONTAÑA EXIGE DETERMINACIÓN Y PERSEVERANCIA... ¡AL IGUAL QUE LOGRAR CUALQUIER COSA EN LA VIDA!

Fue una travesía espectacular. Luego de entrar por un cañón rodeado de picos nevados, por fin estuvimos frente a frente con esa montaña, y aunque nos cansamos y por momentos sentimos dolor en distintas partes del cuerpo, jamás le quitamos la vista a la cumbre. La forma en que nuestro equipo conquistó esa montaña fue sorprendente. No escuchamos quejas ni comentarios con ganas de regresar. Sí hubo momentos para detenernos a recuperar el aire, pero ante una majestuosa cordillera en los Alpes de Europa, esto no era nada fácil. Todo lo contrario, fue una travesía con desafíos, temores y dudas. Pero paso a paso, todos los que íbamos en aquella expedición terminamos conquistando la imponente montaña.

Lo que queremos resaltar es esto: subir una montaña exige determinación y perseverancia... ¡al igual que lograr cualquier

What mountain stands in front of you today? We want to tell you that you can conquer it, and that this mountain will make you stronger so you can conquer the next one! As long as you're on this planet, there will always be a new challenge, a new test to overcome, and a new opportunity to improve. And interestingly, this succession of different levels you need to unlock is what will lead you to discover why you're on this planet. Pursuing the dreams God has placed in your heart is a long, risky, and exciting path, but it's entirely worth it!

There will be many things trying to defeat you, many circumstances trying to discourage you. There will be fears, doubts, and insecurities attempting to pull you off track. You'll have to battle against hatred, resentment, bitterness, indifference, laziness, anxiety, dishonesty, irresponsibility, pride, prejudice, envy, injustice, insecurity, betrayal, impurity, arrogance, apathy, and countless other things... There will also be times when everything seems to go well, but beware! Routine or the whirlwind of purposeless activities can numb you without you realizing it, turning you into a zombie and making you forget your dreams, ultimately destroying your destiny.

Remember Paul's words to:

> *"Flee the evil desires of youth and pursue righteousness, faith, love and peace, along with those who call on the Lord out of a pure heart."*
>
> *—2 Timothy 2:22 (NIV)*

Many years have passed, but this advice is still relevant. Write it down somewhere you'll see it often because today, these words are dedicated to you!

It's time to implement a strategy not just to survive but to thrive in life. Don't drag your feet—move forward boldly, and never stop fighting! Remember, mountains are conquered one step at a time, so don't worry about how intimidating the path

cosa en la vida! En contraste, en palabras del famoso C. S. Lewis, *"el camino seguro hacia el infierno es el gradual: la suave ladera, blanda bajo el pie, sin giros bruscos, sin mojones, sin señalizaciones"*. Curiosamente, el camino para vivir el infierno en la tierra es muy parecido: aburrido, monótono, y sobre todo *promedio*... ¡Tú no estás diseñado para ese camino aburrido! Por eso queremos alentarte a que no te conformes, a que no elijas desaprovechar lo mejor de la vida por seguir el camino cómodo. Así como nosotros manteníamos la vista fija en la cima de la montaña, ¡tú mantén la vista fija en todas las cosas extraordinarias que puedes lograr si te esfuerzas!

¿Cuál es la montaña que tienes hoy frente a ti? Queremos decirte que puedes conquistarla, ¡y que esa montaña te hará más fuerte, para que luego logres conquistar la que sigue! Mientras estés en este planeta siempre habrá un desafío nuevo, una prueba nueva por superar y una nueva oportunidad para ser mejor. Y curiosamente, esta sucesión de diferentes niveles que necesitas desbloquear es la que te llevará a descubrir la razón por la que estás en este planeta. ¡Perseguir los sueños que Dios puso en tu corazón es un camino largo, arriesgado y emocionante, pero vale totalmente la pena!

Habrá muchos factores que intentarán derrotarte, muchas circunstancias que te desanimarán. Habrá miedos, dudas, temores y pecados que querrán apartarte del camino. Tendrás que batallar contra el odio, el rencor, la amargura, la indiferencia, la pereza, la angustia, la deshonestidad, la irresponsabilidad, el orgullo, los prejuicios, la envidia, la injusticia, la inseguridad, la traición, la impureza, la soberbia, la apatía y muchísimas cosas más... También habrá momentos en los que todo parecerá ir bien, pero ¡cuidado! La rutina, o la vorágine de actividades sin propósito, pueden anestesiarte sin que te des cuenta, convirtiéndote en un zombi, haciéndote olvidar tus sueños y destruyendo tu destino.

Recuerda las palabras de Pablo a Timoteo:

ahead may seem. Just take a deep breath and take one more step. And always keep in mind that you're not alone in this. You have a Fan Club cheering for you! Look:

> *"Therefore, since we are surrounded by such a great cloud of witnesses, let us throw off everything that hinders and the sin that so easily entangles. And let us run with perseverance the race marked out for us."*
>
> *—Hebrews 12:1 (NIV)*

Run this race with perseverance, avoiding everything that could disorient you, disable you, or slow you down, because those are the traits of a zombie—someone wasting their life. You are so much more than that, and your life has an important role to play in this chapter of human history!

"No te dejes llevar por las tentaciones propias de tu edad. Tú eres joven, así que aléjate de esas cosas y dedícate a hacer el bien. Busca la justicia, el amor y la paz, y únete a los que, con toda sinceridad, adoran a Dios y confían en él".

2 Timoteo 2:22 (TLA)

Han pasado muchos años, pero estos consejos siguen vigentes. Escríbelos en algún lugar donde puedas leerlos con frecuencia, ¡porque hoy son palabras dedicadas a ti!

Es hora de implementar una estrategia para no solo sobrevivir, sino para *vencer* en la vida. ¡No arrastres los pies, avanza con valentía, y nunca te canses de luchar! Recuerda que las montañas se conquistan un paso a la vez, así que no te preocupes por lo intimidante que parezca el camino que tienes por delante. Solo respira profundo y da un paso más. Y ten presente siempre que no estás solo en esto. ¡Tienes un Club de Fans a tu favor! Mira:

"Por lo tanto, ya que estamos rodeados por una enorme multitud de testigos de la vida de fe, quitémonos todo peso que nos impida correr, especialmente el pecado que tan fácilmente nos hace tropezar. Y corramos con perseverancia la carrera que Dios nos ha puesto por delante".

Hebreos 12:1

Corre esta carrera con perseverancia, alejándote de todo aquello que pudiera desorientarte, incapacitarte o hacerte ir más lento, porque esas son las características de un zombi, de alguien que desperdicia su vida. ¡Tú eres mucho más que eso, y tu vida tiene un rol importante que cumplir en este capítulo de la historia humana!

EPISODE TWO: GIVING UP IS NOT AN OPTION!

LEVEL 6 – UNBREAKABLE DREAM

Many people spend fortunes trying to live longer or searching for what they call "true happiness"... but if you look closely, most people never really live!

Making mistakes in life is inevitable, but mistakes can either lead to total destruction or become an opportunity to grow. The Bible is full of heroes who, at certain points, made terrible decisions. It's true that wrong choices have consequences, but there's a difference between those who, after falling, drag themselves through the rest of life and those who fight to stand up and start again.

Failure is an opportunity to learn valuable lessons that will help you create a better strategy for your future. Of course,

EPISODIO DOS: ¡RENDIRTE NO ES UNA OPCIÓN!

NIVEL 6 – SUEÑO INQUEBRANTABLE

Muchas personas invierten fortunas en intentar vivir más años o en buscar lo que ellos llaman "la verdadera felicidad"... cuando en realidad, si te fijas bien, ¡la mayoría de las personas nunca vive realmente!

Cometer errores en la vida es inevitable, pero los errores pueden ser un factor de destrucción total o una oportunidad para crecer. La Biblia está llena de superhéroes que en determinado momento tomaron las peores decisiones, y es cierto que las decisiones equivocadas tienen sus consecuencias. Sin embargo, hay una diferencia entre aquellos que luego de caer se arrastran por el resto de sus vidas, y aquellos que luchan por ponerse de pie y comenzar de nuevo.

PARA AVANZAR HACIA EL FUTURO, DEBES DECIDIRTE A DEJAR ATRÁS EL PASADO.

El fracaso es una oportunidad para aprender lecciones valiosas que te ayudarán a tener una mejor estrategia al diseñar tu futuro. Claro que también el fracaso incluye algunos ingredientes que tienes que soltar, olvidar, enterrar y desintegrar. Si no dejas que muera tu pasado,

failure also includes certain things you have to let go of, forget, bury, and dissolve. If you don't let your past die, it won't let you live. What we want you to know is that we all make mistakes. Sometimes, big mistakes. Sometimes, mistakes so big they make us feel like we're in a desert, all alone, with no sense of time or place. If that's you, we want to encourage you to overcome these feelings because they only weaken you. Your past does not disqualify you from your future. Remember this: don't let your past paralyze you. Embrace the second chance before you; that is your future, and it's a gift from God.

In the Bible, you can find many words of encouragement to unlock the new opportunities that the future brings. Look at what Paul wrote to the Philippians:

> *"being confident of this, that he who began a good work in you will carry it on to completion until the day of Christ Jesus."*
>
> *—Philippians 1:6 (NIV)*

TO MOVE FORWARD, YOU MUST DECIDE TO LEAVE THE PAST BEHIND!

Yes, God is not finished with you! But to move forward, you must decide to leave the past behind. How can you see the brightness of the future if you keep your gaze fixed on what happened yesterday? Today, you have the great opportunity to stand up again. Falling can be painful, but how beautiful it is when a young person stands up after a fall!

And speaking of standing up, have you ever thought about what keeps the great buildings of the world standing? We talked about this earlier... Those skyscrapers that impress us so much look majestic on the outside, but they would never stand without foundations, without pillars to support them. Just as buildings withstand strong winds, raging storms, and even earthquakes

este no te dejará vivir. Lo que queremos que sepas es que todos hemos cometido errores. A veces, grandes errores. A veces, errores tan grandes que sentimos que estábamos en un desierto, sin nadie alrededor y sin noción del tiempo y del espacio. Si ese es tu caso, queremos animarte a sobreponerte a estas emociones, porque son emociones que te debilitan. Tu pasado no te descalifica para el futuro. Recuerda esto: no dejes que tu pasado te paralice. Aprovecha la segunda oportunidad que tienes frente a ti; ese es tu futuro, y es un regalo de Dios.

En la Biblia puedes encontrar muchas palabras que te animarán a desbloquear las nuevas oportunidades que trae el futuro. Mira lo que Pablo les escribió a los filipenses:

> *"Y estoy seguro de que Dios, quien comenzó la buena obra en ustedes, la continuará hasta que quede completamente terminada el día que Cristo Jesús vuelva".*
>
> *Filipenses 1:6*

¡Así es, Dios no ha terminado contigo! Pero para avanzar hacia el futuro, debes decidirte a dejar atrás el pasado. ¿Cómo podrás ver lo brillante que es el futuro si mantienes la mirada fija en lo que pasó ayer? Hoy tienes la gran oportunidad de volver a ponerte de pie. Las caídas pueden ser tristes, ¡pero qué hermoso es cuando un joven se levanta después de haber caído!

Y hablando de ponerse de pie, ¿has pensado alguna vez qué es lo que sostiene a los grandes edificios del mundo? Ya hablamos de este tema hace algunas páginas... Esos rascacielos que tanto nos impresionan lucen realmente majestuosos por fuera, pero en realidad sería imposible que se mantuvieran en pie sin los fundamentos, sin los pilares que los sostienen. Y así como a pesar de los fuertes vientos, las furiosas tormentas o incluso los terremotos, los edificios logran mantenerse en pie gracias a los pilares que los sostienen, así también hay cinco pilares que deberías implementar en tu vida y que son fundamentales para cualquier persona que quiera mirar al futuro de

because of the pillars that hold them up, there are five pillars you should establish in your life. These pillars are essential for anyone who wants to face the future, learn to see and seize second chances, and move forward with confidence. These pillars will support you throughout your life, but the key is to put them in place during these exciting years you're experiencing right now.

The first pillar we want to talk about is the SPIRITUAL one. We all have an innate desire to fill our spirit with something real and greater than ourselves. Your spiritual life keeps your engine running. And what's the point of a car if you don't turn it on? In the same way, it's essential to cultivate a real relationship with God – a relationship you can enjoy. God longs to have an active relationship with you. Never stop investing in your friendship with Him! Get excited about reading His Word and listening to His voice. God's guidance will help you grow and lead you down a path full of life! So keep your expectations high, and remember that monotony is a danger to any relationship. Find creative ways to connect with God! Go out for coffee with Him, walk through the park with Him. Do something out of the ordinary to grow in your relationship with Jesus. The Holy Spirit will be your greatest source of peace, strength, creativity, love, energy… don't neglect Him! Your pulse depends on Him!

GOD DESIGNED US ALL TO NEED LOVE AND ATTENTION FROM OTHERS.

The second pillar you must care for is the MENTAL one. Often, when we reach a certain age, we make the mistake of thinking we know it all, even though we still have much to learn. In reality, we never stop learning – or at least we shouldn't. If you manage to maintain a teachable attitude throughout your life, you'll learn something new every day!

frente, aprender a ver y aprovechar las segundas oportunidades, y avanzar con pasos firmes. Estos pilares o columnas te van a sostener a lo largo de toda tu vida, pero la clave está en ponerlos en su lugar en estos años emocionantes que te encuentras atravesando ahora mismo.

DIOS NOS DISEÑÓ DE MANERA QUE TODOS NECESITAMOS DAR Y RECIBIR AMOR Y ATENCIÓN DE OTRAS PERSONAS.

El primer pilar del que queremos hablarte es el ESPIRITUAL. Todos tenemos un anhelo innato de llenar nuestro espíritu con algo real y más grande que nosotros mismos. El aspecto espiritual en tu vida es el que te mantiene con el motor encendido. Y, ¿de qué sirve un auto si no lo enciendes? De la misma manera, es esencial que puedas cultivar una relación real con Dios. Una relación que puedas disfrutar. Dios anhela tener una relación activa contigo. ¡Nunca dejes de invertir en tu amistad con él! Emociónate por leer su Palabra y por escuchar su voz. ¡Los consejos de Dios te ayudarán a crecer y a avanzar por un camino lleno de vida! Así que mantén tus expectativas de interacción altas, y recuerda que la monotonía es un peligro para cualquier relación. ¡Busca formas creativas de interactuar con Dios! Sal a tomar un café con él, ve a caminar por el parque a su lado. Haz algo fuera de lo común para crecer en tu relación con Jesús. El Espíritu Santo será en tu vida la mayor fuente de paz, fuerza, creatividad, amor, energía... ¡no lo descuides! ¡Tu pulso depende de él!

El segundo pilar del que debes ocuparte es el MENTAL. Muchas veces, al llegar a cierta edad cometemos el error de creernos "sabelotodos" cuando todavía tenemos mucho que aprender. En realidad, ¡nunca dejamos de aprender! O al menos, nunca deberíamos dejar de aprender... Si logras

It's very important to take advantage of every learning opportunity around you—from a classroom, advice from your parents, a conversation with friends, guidance from church leaders... There is valuable knowledge all around you! And the one who most desires to learn ultimately learns the most. Seek opportunities to grow mentally, and be diligent in your studies. Perhaps studies don't excite you now, but when you understand that every day is part of a long-term school, your perspective changes. Having the right perspective will drive you to keep learning for life!

The third pillar is the SOCIAL one. There's a saying: "If you want to go fast, go alone; but if you want to go far, go together." So don't focus so much on how quickly you achieve your dreams; instead, consider the distance you'll cover and make a team with others!

God designed us all to need love and attention from others, but many focus only on receiving and forget about giving... Be intentional about developing healthy relationships with those around you. Find ways to improve communication and learn to resolve conflicts. Even the smallest details can have a big impact! For example, saying "Thank you"... this little word can inject vitality into any relationship. Or saying "I'm sorry"... a single word with the potential to change lives! And even better, saying "Will you forgive me?"—a question that requires a response and holds the power of a miracle in that answer! When you ask this question, wait for the response; and when someone asks you, respond: "Yes, I forgive you." If you love someone, say it! Jesus invites us to love others as we love ourselves. Don't miss the chance to say these little words: "Thank you," "Will you forgive me?" and "I love you"...

And speaking of love, we come to the fourth pillar, which is the EMOTIONAL one. Proverbs reminds us to guard our hearts because it determines the course of our lives:

mantener la actitud de ser enseñable durante toda tu vida, ¡verás cómo aprendes algo nuevo cada día!

Es muy importante que aproveches todas las oportunidades de aprendizaje que tengas a tu alrededor, desde un salón de clases, el consejo de tus padres, una plática con tus amigos, con tus líderes de la iglesia... ¡Hay conocimiento valioso rodeándote siempre! Y el que más desea saber, finalmente es el que más aprende. Busca oportunidades para crecer mentalmente, y sé diligente en tus estudios. Es probable que hoy los estudios no te entusiasmen mucho, pero cuando entiendes que todos los días son parte de una escuela a largo plazo, tu mirada cambia. ¡Tener la perspectiva correcta te impulsará a seguir aprendiendo durante toda la vida!

El tercer pilar del que debes ocuparte es el pilar SOCIAL. Hay un refrán que dice: "Si quieres llegar rápido, ve solo; pero si quieres llegar lejos, ve acompañado". Por eso, no te enfoques tanto en la velocidad con la que logres tus sueños. Más bien mira la distancia que vas a recorrer, ¡y haz equipo con otros!

Dios nos diseñó de manera que todos necesitamos dar y recibir amor y atención de otras personas. Sin embargo, muchos se enfocan solo en recibir y se olvidan de la parte de dar... Sé intencional en desarrollar relaciones saludables con las personas que te rodean. Busca maneras de mejorar tu comunicación y de aprender a resolver los conflictos. ¡Es increíble lo que los detalles más pequeños pueden lograr! Por ejemplo, el decir "Gracias"... ¡Esta palabrita es capaz de inyectar vitaminas en cualquier relación! O el decir "Perdóname"... ¡Una sola palabra que tiene el potencial de cambiar la vida de muchos! O tal vez incluso mejor, el decir: "¿Me perdonas?" Porque al hacer una pregunta se requiere una respuesta de la otra persona, ¡y es en esa respuesta dónde está el poder de un milagro! Así que, cuando hagas esta pregunta, espera la respuesta; y cuando te la hagan, responde: "¡Sí, te perdono!". Y si amas a alguien, ¡díselo! Jesús nos invita a amar

"Above all else, guard your heart, for everything you do flows from it."

—Proverbs 4:23 (NIV)

The heart is the source of emotions. It's where you feel your breath catch when you see a certain person enter the room... Yes, you know who I'm talking about. Look in the mirror right now. You're probably smiling or blushing! But remember: the decision of whom you give your heart to has the power to either kill the beat of your life or explosively fill your world with life.

Don't make such an important decision on impulse. Ask God for wisdom and value the perspective of your parents, mentors, leaders, and friends as you decide with whom you want to spend the rest of your life.

Finally, take care of the PHYSICAL pillar. Our bodies are the vehicle for our legacy. It's crucial to take care of your body, as your effectiveness depends on it. You may have the best intentions or the most brilliant ideas, but if your body is not well, it will become a limitation. Find ways to feed your body with real nutrition. It's not just about filling it with food! A piece of fruit will always be better than candy, and water will always be superior to soda. Remember, your energy comes from the fuel you choose. And to prevent your body from rusting, keep it moving! Exercise brings oxygen to your blood and strengthens all the body's systems. Eating well and exercising will keep you healthy and help you fulfill your purpose more effectively.

Everything you need for the future you long for is within your reach today. Leave the excuses behind, take firm and steady steps, and look your second chance in the eye with determination as you step forward.

a otros como nos amamos a nosotros mismos. No permitas que se te escapen las oportunidades de decir estas pequeñas palabras: "Gracias", "¿Me perdonas?" y "Te amo"...

Y hablando de amor, llegamos al cuarto pilar que es el EMOCIONAL. Ya vimos antes que en Proverbios se nos advierte que debemos proteger nuestro corazón porque él determina el rumbo de nuestra vida. El corazón es la base de las emociones. Es allí donde sientes que se te va el aire cuando ves a cierta persona entrar en la habitación... Sí, tú sabes de quién te estamos hablando. Mírate al espejo en este instante. ¡Es muy probable que estés sonriendo o te estés sonrojando! Pero recuerda: la decisión de a quién le das tu corazón tiene el potencial de matar el latido de tu existencia o de llenar explosivamente de vida tu mundo.

No tomes una decisión tan importante por un impulso del momento. Pídele sabiduría a Dios, y valora la perspectiva de tus padres, mentores, líderes y amigos cuando estés en el proceso de decidir con quién pasar el resto de tus días.

Por último, ocúpate del pilar FÍSICO. Nuestro cuerpo es el medio de transporte de nuestro legado. Es muy importante que cuidemos nuestro cuerpo, porque de él depende nuestro rendimiento. Puedes tener las mejores intenciones, o las ideas más brillantes, pero si tu cuerpo está mal, se convierte en una limitación para muchas cosas. Busca la manera de comer lo que realmente nutre tu cuerpo. ¡No se trata simplemente de llenarlo de comida! Una fruta siempre será mejor que un dulce, y el agua siempre será superior a una bebida gaseosa. Recuerda que tu energía proviene del combustible que decidas usar. Además, para evitar que se oxide tu cuerpo, ¡mantenlo en movimiento! El ejercicio apropiado oxigena la sangre y fortalece todos los sistemas del cuerpo. Comer sano y hacer ejercicio te mantendrá saludable para poder ser más eficaz en cumplir tu propósito.

△

Todas las herramientas que necesitas para tener el futuro que anhelas están hoy a tu alcance. Deja las excusas atrás, y camina dando pasos firmes y constantes. Tu segunda oportunidad está hoy frente a ti. Mírala a los ojos con determinación y pisa fuerte hacia adelante.

EPISODE THREE: HUMAN EXISTENCE DEPENDS ON YOU

LEVEL 7 – TOTAL COMMITMENT

We all know the topic... We've read about death, been warned of the day it will come, watched epic movies trying to explain it, heard songs about saying a "final goodbye," reflected on the feelings it evokes, and felt motivated remembering that we're still alive.

Death is something we view from afar... until it's no longer far away. One day, we are all going to die. That much is guaranteed. It's an appointment none of us will escape. Knowing this should inspire us to live a life that makes a difference, right? What a terrifying thought to reach the end and realize your life made no impact in the world! Every day is full of opportunities to make a difference in someone's life, to leave a positive mark... But many choose to live a passive, self-centered life that doesn't impact anyone else.

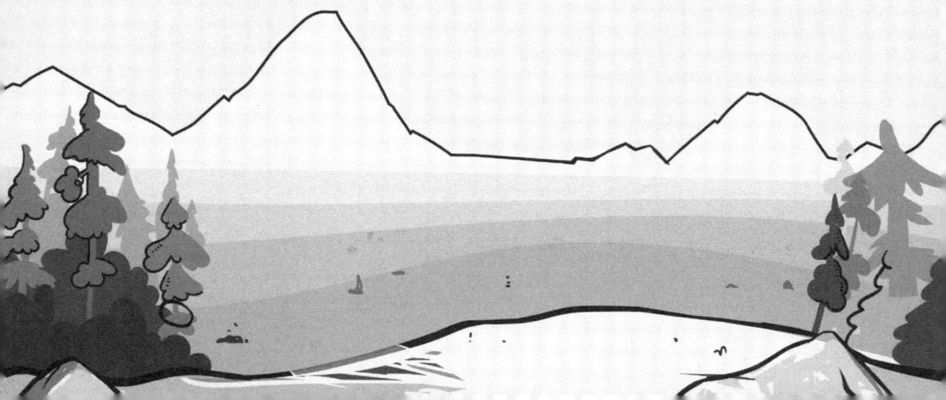

EPISODIO TRES: LA EXISTENCIA HUMANA DEPENDE DE TI

NIVEL 7 – ENTREGA TOTAL

Todos conocemos el tema... Hemos leído sobre la muerte, nos han amenazado con el día en que llegará, hemos visto películas épicas que nos intentan explicar el fenómeno, hemos escuchado canciones acerca del día en que alguien dice "su último adiós", hemos reflexionado sobre los sentimientos que todo esto produce, y nos hemos sentido motivados al recordar que aún estamos vivos.

La muerte es algo que vemos a lo lejos... hasta que no está tan lejos. Todos algún día vamos a morir. Eso lo tenemos garantizado. Es una cita de la que ninguno de nosotros va a escapar. Y el saber eso quizás debería inspirar en nosotros la idea de hacer algo valioso con nuestra vida antes de perderla, ¿verdad? ¡Qué horrible pensar que, al llegar al final, tu vida no haya hecho ninguna diferencia en el mundo! Cada día está

I want to share a personal fear with you (says Timmy): the fear of being on my deathbed and realizing I could have done more than I did. I often think that a cemetery is the most valuable land in the world – not only because it holds the remains of loved ones, but also because of all that was buried with them. Imagine all the songs that were never written, the inventions that never came to life, the medical breakthroughs that could have healed thousands... and the list goes on. So many people take the most valuable part of themselves to the grave!

Let's be aware of this and make a decision: our existence doesn't have to be wasted! Everything God has placed within us must come to light and become a ray of hope that encourages others. There is something unique that God has put inside you to help others see the incredible love of Jesus for them and to give them strength to keep going.

Have you ever had a dream that didn't come true? A broken dream can cause deep disappointment and rob you of the motivation to keep going. Often, after failure, we forget that our dreams are still possible. But despite those frustrating feelings, sometimes the unexpected happens: broken dreams shake your faith, and in that shaking, your faith grows.

Abraham is an example of someone who allowed his faith to be shaken to the point of believing the impossible:

> *"By faith Abraham, when called to go to a place he would later receive as his inheritance, obeyed and went, even though he did not know where he was going. By faith he made his home in the promised land like a stranger in a foreign country; he lived in tents, as did Isaac and Jacob, who were heirs with him of the same promise. For he was looking forward to the city with foundations, whose architect and builder is God. And by faith even Sarah, who was past childbearing age, was enabled to bear children*

lleno de oportunidades de impactar a alguien a tu alrededor y de dejar una huella positiva en su vida... Sin embargo, muchos optan por llevar una vida pasiva o centrada en ellos mismos, una que no causa impacto en nadie más.

Quiero confesarte que uno de mis mayores temores (habla Timmy) es estar en mi lecho de muerte y darme cuenta de que pude haber hecho más de lo que hice. Muchas veces pienso que un cementerio es el terreno físico más valioso del mundo, no solo porque allí descansan los seres queridos de tanta gente, sino por todo lo que se llevaron a la tumba con ellos... Imagínate todas las canciones que nunca se escribieron, los inventos que nunca vieron la luz, los descubrimientos médicos que hubieran sanado a miles de personas... y la lista podría continuar. ¡Muchas personas se llevan a la tumba lo más valioso que había en ellas!

Seamos conscientes de esto y tomemos una decisión: ¡nuestra existencia no tiene por qué desperdiciarse! Todo lo que Dios ha puesto dentro de nosotros debe salir a la luz y convertirse en un rayo de esperanza que aliente a otros. ¡Hay algo único que Dios ha puesto en ti para que muchas personas lleguen a conocer el fabuloso amor de Jesús por ellos y para que tengan nuevas fuerzas para seguir!

¿Tuviste alguna vez un sueño que no se cumplió? Ciertamente un sueño destrozado puede causar una profunda decepción y quitarte la ilusión de seguir adelante. Incluso muchas veces, después de fracasar, se nos olvida que nuestros sueños son alcanzables. Pero a pesar de esas emociones frustrantes, también a veces sucede algo imprevisto: tus sueños destrozados sacuden tu fe, y al ser sacudida, tu fe crece.

Abraham es un ejemplo de alguien que permitió que su fe fuera sacudida hasta el grado de creer en lo imposible:

> *"Por la fe, Abraham, cuando fue llamado para ir al lugar que iba a recibir como herencia, obedeció y salió sin saber*

because she considered him faithful who had made the promise."

—Hebrews 11:8-11 (NIV)

Faith helps you understand that your dream may come true in a way very different from what you imagined. Faith strengthens you to embrace the reality that achieving your dream might take longer than you expected. Faith fills you with courage when you realize your dream may require a higher price than you anticipated.

Don't let anything stop your faith! When opportunities come into our lives, often doubt or fear stops us from seizing them. But remember, every time fear wins the internal battle, it robs something from you and also takes something from the world—something only you could contribute.

EVERY TIME FEAR WINS THE INTERNAL BATTLE, IT ROBS SOMETHING FROM YOU AND ALSO TAKES SOMETHING FROM THE WORLD—SOMETHING ONLY YOU COULD CONTRIBUTE.

Eleanor Roosevelt was an orphaned child who lived with her grandmother from the age of seven. As a child, she was shy and insecure. However, after a long journey, she became the First Lady of the United States and played a fundamental role in creating the Universal Declaration of Human Rights, earning the nickname "First Lady of the World." She once said: "You gain strength, courage, and confidence by every experience in which you really stop to look fear in the face. You must do the thing you think you cannot do."

a dónde iba. Por la fe vivió como extranjero en la Tierra prometida. Vivió en tiendas de campaña, lo mismo que Isaac y Jacob, que también eran herederos de la misma promesa, porque Abraham esperaba la ciudad que tiene cimientos firmes, la que Dios ha planeado y construido. Por la fe, Abraham, a pesar de ser demasiado viejo y de que Sara no podía tener hijos, recibió fuerzas para tener hijos, porque confió en que Dios cumpliría la promesa que le había hecho".

Hebreos 11:8-11 (NBV)

La fe es lo que te ayudará a entender que probablemente tu sueño se cumpla de una manera muy diferente a la que te imaginabas. La fe te fortalecerá para abrazar la realidad de que alcanzar tu sueño tal vez lleve más tiempo del que habías calculado. La fe te llenará de ánimo cuando descubras que tu sueño tal vez requiera pagar un precio más alto del que esperabas.

CADA VEZ QUE EL TEMOR GANA LA BATALLA INTERNA, TE ROBA ALGO A TI Y TAMBIÉN LE ROBA ALGO AL MUNDO: ESA CONTRIBUCIÓN ESPECIAL QUE SOLO TÚ PODRÍAS HACER.

¡No permitas que nada paralice tu fe! Cuando llegan las oportunidades a nuestra vida, muchas veces las dudas o el temor nos impiden aprovecharlas. Pero recuerda, cada vez que el temor gana la batalla interna, te roba algo a ti y también le roba algo al mundo: esa contribución especial que solo tú podrías hacer.

Eleanor Roosevelt fue una niña huérfana que vivió con su abuela desde los 7 años. De pequeña, era tímida e insegura.

Think about it. Inside you might be the formula for curing cancer. You might hold the political strategy to end corruption in your country. Perhaps you could design a plan to eradicate world hunger. Maybe you have the inspiration to paint a masterpiece that brings peace to thousands of people. Or maybe, hidden deep within, you have a song capable of giving purpose to an entire generation.

Don't waste time and don't wait for the perfect moment to do things. Instead, create those moments and make things happen.

And live in such a way that, on the day of your death, you will have done everything Heaven had planned for you to do. May the Lord receive you saying, "Well done, good and faithful servant!"

Sin embargo, después de un largo camino, llegó a ser la primera dama de los Estados Unidos, y por su rol fundamental en la elaboración de la Declaración Universal de los Derechos Humanos también fue apodada "la primera dama del mundo". En una ocasión ella dijo: "Obtienes fuerza, coraje y confianza de cada experiencia en la que realmente miras al miedo a la cara. Debes hacer eso que piensas que no puedes hacer".

Piénsalo bien. Dentro de ti podría estar la fórmula para encontrar la cura del cáncer. Podría estar la estrategia política que eliminaría la corrupción de tu país. Tal vez tú podrías diseñar un plan para erradicar el hambre en el mundo. Quizás dentro de ti esté la inspiración para pintar una obra maestra que transmita paz a miles de personas. Quizás tengas escondida en el fondo de tu corazón una canción capaz de llenar de propósito a toda una generación.

No pierdas el tiempo y no esperes el momento perfecto para hacer las cosas. Más bien, construye tú los momentos y haz que las cosas sucedan.

Y vive de tal manera que el día de tu muerte hayas hecho todo lo que el cielo tenía planeado que hicieras. ¡Que el Señor pueda recibirte diciendo: *"Bien hecho, mi buen siervo fiel..."*!

EPISODE THREE: HUMAN EXISTENCE DEPENDS ON YOU

LEVEL 8 – EXCLUSIVE PURPOSE

When we think about death, we often feel an overwhelming drive to live. It may sound strange to say "ambition," but despite how odd or unappealing that word might sound, that's precisely the attitude we need to live to the fullest! Of course, there are right ambitions and wrong ambitions. The ambitions you choose will determine the results in your life. For this reason, each day, strive to do something that makes that day worthwhile. The accumulation of the right ambitions over time leads to a life worth living.

Peter writes about this by quoting Psalm 34:

> *"For, 'Whoever would love life and see good days must keep their tongue from evil and their lips from deceitful speech. They must turn from evil and do good; they must seek peace and pursue it. For the eyes of the Lord are on the righteous and his ears are attentive to their prayer...'"*
>
> *—1 Peter 3:10-12 (NIV)*

EPISODIO TRES: LA EXISTENCIA HUMANA DEPENDE DE TI

NIVEL 8 – PROPÓSITO EXCLUSIVO

Es usual que cuando uno piensa en la muerte, de repente se sienta invadido por una ambición por vivir. Suena feo, ¿verdad?, "ambición". Pero por más feo o extraño que suene, ¡esa debe ser nuestra actitud para vivir al máximo! Claro que podemos tener ambiciones correctas o ambiciones incorrectas. ¡Y las ambiciones que tengas son lo que va a determinar los resultados en tu vida! Por eso, cada día de tu vida busca hacer algo que haga que ese día haya valido la pena. Así, la suma de las

It's amazing how such a simple paragraph contains a perfect formula for loving life and seeing good days! While it sounds straightforward, it's often not easy to achieve. Now might be a good time to reflect on the things that drain life out of our hearts. Let's think it over together: remember, when we fail to achieve our dreams, waste time, or miss opportunities, it's our responsibility. Now is the time to realize what we're truly made of and to gather the courage to stand up.

First, we must be clear that the biggest thief of our lives is sin. This is an ongoing battle. There will be days when you lose the battle and days when you win, but each time you win, you grow stronger. So don't give up. Fight to avoid losing any more ground, and reclaim whatever ground you may have lost! This is a war you have to win!

Decide to let go of everything that drains your life. Choose to die to sin, laziness, apathy, indifference, fear, and insecurity. Turn up the volume on the music inside you! Let it play out loud, and live a life that impacts others!

LIVING FOR A CAUSE GREATER THAN YOURSELF FILLS YOU WITH PURPOSE.

You know, there is an amplifier that can increase the impact your life leaves in this world, and that amplifier is living for a cause much bigger than yourself.

This is what Paul meant when he wrote:

> *"I have been crucified with Christ and I no longer live, but Christ lives in me. The life I now live in the body, I live by faith in the Son of God, who loved me and gave himself for me."*
>
> *—Galatians 2:20 (NIV)*

ambiciones correctas a lo largo de tus días dará como resultado una vida que valió la pena vivir.

Pedro escribe al respecto citando el Salmo 34, y dice:

> *"En efecto, «el que quiera amar la vida y gozar de días felices, que refrene su lengua de hablar el mal y sus labios de proferir engaños; que se aparte del mal y haga el bien; que busque la paz y la siga. Porque los ojos del Señor están sobre los justos, y sus oídos, atentos a sus oraciones...»".*
>
> *1 Pedro 3: 10-12 (NVI)*

VIVIR POR UNA CAUSA MÁS GRANDE QUE TÚ MISMO TE LLENA DE PROPÓSITO.

¡Es increíble como en un pequeño párrafo tenemos una fórmula perfecta para llegar a amar la vida y tener días felices! Claro que esto que suena tan sencillo, en realidad no resulta fácil de lograr... Tal vez sea un buen momento para pensar cuáles son aquellas cosas que le roban vitalidad a nuestro corazón. ¿Te animas a que lo pensemos juntos? Recuerda que cuando no logramos nuestros sueños, cuando perdemos el tiempo, cuando perdemos oportunidades, somos nosotros los culpables. Por eso ha llegado el momento de darnos cuenta de verdad de qué estamos hechos. Es el momento de juntar valor y ponernos de pie.

Por empezar, debemos tener claro que el ladrón más grande de nuestra vida es el pecado. Y esta es una lucha constante. Habrá días en que pierdas la batalla y otros en que la ganes, ¡pero cada vez que ganes una batalla te harás más fuerte! Así que no desistas. Pelea para no perder más terreno, y el que ya hayas perdido, ¡recupéralo! ¡Esta es una guerra que tienes que ganar!

Living for a cause greater than yourself fills you with purpose. How you fulfill your mission in life will be unique to you. Your story is one of a kind, and your journey cannot be compared to anyone else's. Your voice is unique, and humanity needs to hear it.

Take some time to define what this means for your life. To find a meaningful ambition, you'll need to ask yourself essential questions like: Why am I here? What fulfills me? What do I have that is unique and special to give?

Here are some tips to help you discover unexpected things about your life:

Think: What is the work you'd love to do for the rest of your life, even if you weren't paid for it? Find that ambition for which you'd give everything!

What would you like to accomplish before you die? Get a journal, write down your ideas, and create a plan to achieve what you envision. This journal will become your map to reach your desired destination, a thermometer to measure your growth over the years, and a compass to help you check if you're heading in the right direction. Writing things down helps bring them into focus!

Of course, your path won't be easy... No path is. We all have to face trials and difficulties. So, whenever you get the chance, share your story! Many people need to hear it to find strength and hope. Similarly, hearing the stories of others can help you stay focused and motivated.

Finally, when your feet ache from walking, just remember: if something hurts, it's because you're still alive, and if you're alive, you can reach your goal!

Today is a good day to think about who you want to be, don't you think?

Decide morir a todo lo que te roba la vida. Decide morir al pecado, a la flojera, a la apatía, a la indiferencia, al temor y a la inseguridad. ¡Súbele el volumen a la música que hay dentro de ti! ¡Déjala salir con fuerza, y vive tu vida de manera que impacte a muchos!

¿Sabes? Existe un amplificador que puede aumentar el impacto que tu vida deje en este mundo, y ese amplificador consiste en vivir por una causa mucho más grande que tú mismo.

Esto es a lo que se refería Pablo cuando escribió:

> *"Mi antiguo yo ha sido crucificado con Cristo. Ya no vivo yo, sino que Cristo vive en mí. Así que vivo en este cuerpo terrenal confiando en el Hijo de Dios, quien me amó y se entregó a sí mismo por mí".*
>
> *Gálatas 2:20*

Vivir por una causa más grande que tú mismo te llena de propósito. ¿Cuál será la manera de cumplir tu misión en la vida? Eso depende de cada quien. Tu historia es única, y el viaje que estás haciendo no se puede comparar con el de nadie más en el mundo. Tu voz es única y la humanidad necesita escucharla.

Tómate un tiempo para definir qué significa todo esto para tu vida. Para poder llegar al punto de encontrar una ambición que tenga sentido, deberás plantearte preguntas esenciales como: ¿para qué será que estoy en este mundo? ¿Qué es lo que me llena? ¿Qué es eso único y especial que yo tengo para dar?

Aquí te compartimos algunos *tips* que pueden ayudarte a descubrir cosas inesperadas en tu vida...

Piensa: ¿cuál es ese trabajo que harías con gusto por el resto de tu vida, incluso si no cobraras dinero por ello? ¡Encuentra esa ambición por la cual lo darías todo!

¿Qué es lo te gustaría lograr antes de morir físicamente? Busca un diario, escribe tus ideas y plasma un plan para lograr eso que pretendes. Ese diario se convertirá en tu mapa para llegar al destino deseado, pero también será un termómetro con el cual medir tu evolución a lo largo de los años, y será una brújula que te ayudará a ver en cada momento si vas en la dirección correcta. ¡Poner las cosas por escrito te ayudará a verlas con más claridad!

Claro que tu camino no será fácil... Ningún camino lo es. Todos tenemos que enfrentar pruebas y dificultades. Por eso, en cada oportunidad que tengas, ¡comparte tu historia! Muchas personas necesitan escucharla para obtener de ella fuerzas y esperanza. De la misma manera, el escuchar las historias de otros puede ayudarte a ti a no perder el enfoque ni la motivación.

Y, por último, cuando te duelan los pies de tanto caminar, solo recuerda: si te duele algo es porque todavía estás vivo, y si estás vivo, ¡puedes llegar a la meta!

Hoy es un buen día para pensar quién quieres ser, ¿no te parece?

Quiero Ser

Quiero ser... verdadero, porque hay personas que en mí están confiando.

Quiero ser... puro, por aquellos que a los que amo.

Quiero ser... fuerte, porque hay mucho que sufrir.

Quiero ser... valiente, porque hay mucho a qué atreverse.

Quiero ser... amigo de la vida, del enemigo y del desamparado.

Quiero ser... dador, y olvidarme del regalo.

Quiero ser... humilde, porque conozco mi debilidad.

Quiero... quiero ver hacia arriba, quiero amar, quiero reír, quiero rescatar, ¡y quiero inspirar a otros!

(Autor desconocido)

Entonces... ¿quién quieres ser?

¡Decídelo, escríbelo, protégelo y vívelo!

EPISODE THREE: HUMAN EXISTENCE DEPENDS ON YOU

EPISODIO TRES: LA EXISTENCIA HUMANA DEPENDE DE TI

EPISODE THREE: HUMAN EXISTENCE DEPENDS ON YOU

LEVEL 9 – UNHEARD STORY

The simplest acts in life are often the most impactful, but because they are so routine, we often overlook their importance.

What drives your actions? What fuels your dreams? What motivates you to fight for something?

Many times, the answers to these questions are self-centered. They may seem reasonable but often revolve solely around ourselves. The problem is that the race to satisfy what our ego desires is endless, costly, and lonely. If you take that path, you may achieve your goals, but in the end, you'll lose what is truly valuable.

Jesus presented a revolutionary perspective on this topic when he said:

> *"Whoever finds their life will lose it, and whoever loses their life for my sake will find it."*
>
> *—Matthew 10:39 (NIV)*

This is the only cause worth living for, the only flag worth raising, the only bridge that actually leads to the other side!

EPISODIO TRES: LA EXISTENCIA HUMANA DEPENDE DE TI

NIVEL 9 – HISTORIA INÉDITA

Los actos más sencillos de la vida son los que más impacto tienen, pero como se han vuelto tan cotidianos, ya no les damos importancia.

¿Cuál es la causa que le da empuje a tus acciones? ¿Cuál es la razón por la que sueñas? ¿Cuál es tu motivación para luchar por algo?

Las respuestas que damos frente a estas preguntas muchas veces son argumentos egocéntricos. Ideas razonables, pero que solo giran alrededor de nosotros mismos. El problema es que la carrera por satisfacer lo que nuestro yo quiere es una carrera interminable, cara y solitaria. Si tomas ese camino, es muy probable que logres tus objetivos, pero al final del día habrás perdido lo más valioso.

Jesús planteó uno de los pensamientos más revolucionarios al respecto, cuando dijo: *"El que se apegue demasiado a su vida, la perderá; pero el que renuncie a ella porque me ama, la salvará"* (Mateo 10:39 (NBV)) ¡Allí está la única causa que vale la pena, la única bandera por la cual tiene sentido dar la vida, el único puente que sí te lleva al otro lado!

Think about it... Whatever you invest your resources, emotions, and energy into will become your legacy. And what could be better than knowing that, at the end of our days, our legacy will add to what Jesus has done for humanity? Take up the cause of the cross, make it your own, and live for it. Live for something greater than yourself, and you'll leave a legacy that will last forever.

WHATEVER YOU INVEST YOUR RESOURCES, EMOTIONS, AND ENERGY INTO WILL BECOME YOUR LEGACY.

You should know that serving Jesus' cause—putting others before yourself—does come with risks. Once you decide to live for a worthwhile cause, you start taking risks for others. But when it comes to doing good for others, we should be unstoppable! Pushing boundaries to serve gives direction and meaning to our actions. If you really want to love like Jesus loved, never lose your appetite for a little risk. That's what Jesus did! He spent His life meeting the needs of those He encountered, and with His death, He paid the price for our salvation. And if Jesus lived and died for this purpose, shouldn't our own motivations and ambitions align with His example?

The pulse of your destiny depends on what you do for others. What are those things that make your heart beat with a desire to give life to yourself and then to others?

Don't be mistaken; the world hasn't changed from a stage or position. The world has changed one person at a time. And it doesn't take much to change someone's life. For instance, it doesn't take much to brighten a friend's afternoon. Turn your life into a rescue mission for broken and needy hearts!

Piénsalo... Aquello en lo que inviertas tus recursos, tus emociones y tu energía se convertirá en tu legado. ¿Y qué mejor que saber que al final de nuestros días nuestro legado se sumará a lo que Jesús hizo por la humanidad? Toma la causa de la cruz, conviértela en tu causa y vive por ella. ¡Vive por algo más grande que tú y dejarás un legado que durará para siempre!

Claro que tienes que saber que servir a la causa de Jesús, poniendo a los demás antes que a ti mismo, tiene su cuota de riesgo. Desde el momento en que decides vivir por una causa que vale la pena, comienzas a correr riesgos por otros... Pero es que cuando se trata de hacer algo bueno por otras personas, ¡debemos ser incontenibles! El llegar hasta las últimas consecuencias para servir es algo que les dará sabor y dirección a tus acciones. Si realmente quieres amar como Jesús amó, nunca pierdas tu apetito por un poco de riesgo. ¡Eso fue lo que Jesús hizo! En su vida buscó suplir las necesidades de la gente que encontraba en su camino, y con su muerte pagó el precio de nuestra salvación. Y si Jesús vivió y murió solo para eso, ¿no crees que las motivaciones de nuestra vida y nuestras ambiciones aquí en la tierra deberían sincronizarse con su ejemplo?

AQUELLO EN LO QUE INVIERTAS TUS RECURSOS, TUS EMOCIONES Y TU ENERGÍA SE CONVERTIRÁ EN TU LEGADO.

El pulso de tu destino dependerá de lo que hagas por los demás. ¿Cuáles son esas cosas que hacen que tu corazón lata con ganas de darte vida, para luego dársela a otros?

No te confundas, el mundo no se cambia desde un escenario o posición. El mundo se cambia una persona a la vez. Y no se necesita mucho para cambiar la vida de alguien. Por ejemplo, no se necesita mucho para alegrar la tarde de algún amigo.

Just a word of warning: not every day will be easy. Sometimes you may feel like what you're doing isn't helping anyone. Sometimes you'll give your best but simply won't see results. This feeling of working hard without seeing results can make you question your purpose. Moreover, this uncertainty may place you in situations where you feel like giving up on sharing what's inside you. Feeling that no one appreciates your efforts, even though you give your all, can be deeply discouraging. This was exactly how the followers of Jesus in Galatia felt a long time ago! So today, we want to give you the same advice they received:

THE WORLD HAS CHANGED ONE PERSON AT A TIMEY.

> *"Let us not become weary in doing good, for at the proper time we will reap a harvest if we do not give up. Therefore, as we have opportunity, let us do good to all people..."*
>
> *—Galatians 6:9-10 (NIV)*

Whether you're committed to a highly influential project or simply helping a neighbor, consider it both a privilege and a great responsibility. Everything you do for Jesus, big or small, contributes to a movement that is changing the world–the unstoppable movement of Jesus' followers!

There's a light within you. Don't let it go out, because someone around you needs to see that light to find their way back home.

There's a song within you. Don't let it be silenced, because someone around you needs to hear that melody of hope.

There's a work of art within you. Don't let it stay hidden, because someone around you needs to experience love through that expression.

¡Convierte tu vida en una agencia de rescate para corazones rotos y necesitados!

Tan solo una palabra de advertencia: no todos los días serán fáciles. A veces sentirás que lo que estás haciendo no ayuda a nadie. A veces intentarás dar lo mejor de ti, pero simplemente no verás resultados, y ese sentimiento de trabajar arduamente sin ver resultados puede llevarte a dudar de tu propósito. Aún más, en ocasiones esta inseguridad te pondrá en una posición en la que se te quitarán las ganas de dar lo que hay dentro de ti. El sentir que nadie aprecia lo que haces por ellos, a pesar de que lo haces con todo tu corazón, puede resultar muy desmotivante. ¡Justo así se sentían los seguidores de Jesús en Galacia hace mucho, mucho tiempo! Por eso, hoy nos gustaría darte la *misma recomendación que ellos recibieron:*

EL MUNDO SE CAMBIA UNA PERSONA A LA VEZ.

> *"Así que no nos cansemos de hacer el bien. A su debido tiempo, cosecharemos numerosas bendiciones si no nos damos por vencidos. Por lo tanto, siempre que tengamos la oportunidad, hagamos bien a todos...".*
>
> *Gálatas 6:9-10*

Ya sea que estés comprometido en un proyecto de mucha influencia, o simplemente estés ayudando a un vecino, debes considerarlo como un privilegio y una gran responsabilidad. Todo lo que hagas por Jesús, ya sea grande o pequeño, suma a un movimiento que está cambiando al mundo: ¡el imparable movimiento de los seguidores de Jesús!

Hay una luz dentro de ti. No la dejes apagar, porque alguien a tu alrededor necesita ver esa luz para encontrar el camino de regreso a casa.

Be strong and courageous! You are the person the world needs to bring about change!

Hay una canción dentro de ti. No la dejes silenciar, porque alguien a tu alrededor necesita escuchar ese sonido de esperanza.

Hay una obra de arte dentro de ti. No la dejes escondida, porque alguien a tu alrededor necesita encontrar el amor a través de esa expresión.

¡Esfuérzate y sé valiente! ¡Tú eres la persona que necesitamos para que el mundo cambie!

FINAL EPISODE: LIVE ALIVE

EPISODIO FINAL: VIVE VIVO

FINAL EPISODE: LIVE ALIVE

LEVEL 10 – INFINITE DESTINY

You can be INVINCIBLE!

Remember that always.

But also remember this: along the way, you'll have to fight battles... and the strategy you choose will determine whether you survive or fall into the trap of the zombies!

The good news is that you have everything you need not only to win the battles and survive but also to truly live a full life! In Ephesians 6:10-18, Paul describes a list of elements that will help protect you from anything you might face, even in a hostile, desolate, and uncertain environment. Take a look:

> *"Finally, be strong in the Lord and in his mighty power. Put on the full armor of God, so that you can take your stand against the devil's schemes. For our struggle is not against flesh and blood, but against the rulers, against the authorities, against the powers of this dark world and against the spiritual forces of evil in the heavenly realms.*
>
> *Therefore put on the full armor of God, so that when the day of evil comes, you may be able to stand your ground, and after you have done everything, to stand. Stand firm then, with the belt of truth buckled around your waist, with the breastplate of righteousness in place, and with your*

EPISODIO FINAL: VIVE VIVO

NIVEL 10 – DESTINO INFINITO

¡Tú puedes ser INVENCIBLE!

Recuerda eso siempre.

Pero también recuerda esto: en el camino tendrás que librar batallas... ¡y la estrategia que elijas determinará si sobrevives o si caes en la trampa de los zombis!

La buena noticia es que tienes a tu disposición todo lo que necesitas, no solo para triunfar en las batallas y sobrevivir, sino ¡para *realmente vivir* una vida plena! En Efesios 6:10-18, Pablo describe una lista de elementos que te servirán para protegerte de cualquier cosa que te toque enfrentar, incluso en un terreno hostil, desolado y lleno de incertidumbre. Mira lo que dice:

> *"Una palabra final: sean fuertes en el Señor y en su gran poder. Pónganse toda la armadura de Dios para poder mantenerse firmes contra todas las estrategias del diablo. Pues no luchamos contra enemigos de carne y hueso, sino contra gobernadores malignos y autoridades del mundo invisible, contra fuerzas*

feet fitted with the readiness that comes from the gospel of peace. In addition to all this, take up the shield of faith, with which you can extinguish all the flaming arrows of the evil one. Take the helmet of salvation and the sword of the Spirit, which is the word of God.

And pray in the Spirit on all occasions with all kinds of prayers and requests. With this in mind, be alert and always keep on praying for all the Lord's people."

—Ephesians 6:10-18 (NIV)

If you use all these resources to strengthen your survival strategy, you'll be invincible! Here's how:

- Put on the belt of truth. This means knowing and living according to God's truth.
- Wear the breastplate of righteousness, which will protect your heart. This means living a righteous life.
- Put on the shoes of peace that come from the Good News, which will lead you to share the story of Jesus with others.
- Don't forget the shield of faith, which will protect you from the enemy's attacks and help you extinguish the flaming arrows of doubt, fear, and temptation.
- Wear the helmet of salvation, which will protect your mind and represents the assurance of salvation you have through what Jesus did for you on the cross.
- Hold firmly to the sword of the Spirit, which is the Word of God. This is your offensive weapon in spiritual battles, the truth that will help you defend yourself and attack the enemy.
- Finally, pray always. Prayer is your constant communication with God and is vital in your survival strategy.

poderosas de este mundo tenebroso y contra espíritus malignos de los lugares celestiales.

Por lo tanto, pónganse todas las piezas de la armadura de Dios para poder resistir al enemigo en el tiempo del mal. Así, después de la batalla, todavía seguirán de pie, firmes. Defiendan su posición, poniéndose el cinturón de la verdad y la coraza de la justicia de Dios. Pónganse como calzado la paz que proviene de la Buena Noticia a fin de estar completamente preparados. Además de todo eso, levanten el escudo de la fe para detener las flechas encendidas del diablo. Pónganse la salvación como casco y tomen la espada del Espíritu, la cual es la palabra de Dios.

Oren en el Espíritu en todo momento y en toda ocasión. Manténganse alerta y sean persistentes en sus oraciones por todos los creyentes en todas partes."

Si aprovechas todos estos recursos para fortalecer tu estrategia de supervivencia, ¡serás invencible! Para eso:

- Ajústate el cinturón de la verdad. Esto representa conocer y vivir según la verdad de Dios.
- Ponte la coraza de la justicia que protegerá tu corazón. Esto representa vivir una vida justa.
- Colócate el calzado de la paz de la Buena Noticia, que te llevará a compartir la historia de Jesús con otras personas.
- No olvides tomar el escudo de la fe, porque este te protegerá de los ataques del enemigo y te ayudará a extinguir los dardos de fuego de la duda, el miedo y la tentación.
- Ponte el casco de la salvación, que protegerá tu mente y representa la seguridad de la salvación que tienes a través de lo que Jesús hizo por ti al morir en la cruz.

Throughout history, humanity has faced pain, suffering, and all kinds of tragedies, but here we are, right? That's why we insist on this: you are resilient, and with God's help, you'll be able to overcome any obstacle life throws at you!

It's likely that until now, you've believed the labels others have put on you... "You're a loser," "You're useless," "You're worthless," or "You won't amount to anything..." All these labels must be erased from your mind and heart right now, because they are lies!

On the contrary, the labels you should embrace are the ones God gives you. What does God think of you? There are many of these labels throughout the Bible! Here are some examples:

- Even before He made the world, God loved you and chose you. (Ephesians 1:4-5)
- You were adopted and are now a child of God. (Romans 8:15)
- You were declared righteous in God's eyes through faith. (Romans 5:1)
- The Lord loves you with an everlasting love. (Jeremiah 31:3)
- You were forgiven and cleansed of all wickedness. (1 John 1:9)
- You are no longer a slave but free. (Galatians 5:1)
- You are God's masterpiece. (Ephesians 2:10)
- You are a citizen of heaven. (Philippians 3:20)
- You are an ambassador of Christ to share the message with others. (2 Corinthians 5:20)

Remember what 2 Corinthians 5:17 says:

- Sostén firmemente la espada del Espíritu, que es la Palabra de Dios, la cual será tu arma ofensiva en las batallas espirituales. Esta es la verdad que te ayudará a defenderte y a atacar al enemigo.

Por último: ora siempre. La oración es tu comunicación constante con Dios, y es vital en tu estrategia para sobrevivir.

A lo largo de la historia, los seres humanos hemos enfrentado dolor, sufrimiento y tragedias de todo tipo, pero sin embargo seguimos aquí, ¿verdad? Por eso te insistimos en esto: ¡tú eres resiliente, y con la ayuda de Dios vas a poder superar cualquier obstáculo que se te presente en la vida!

Es muy probable que hasta ahora te hayas creído las etiquetas que te pusieron... Que "eres un perdedor", que "eres inútil", que "no sirves para nada" o que "no vas a llegar a nada en la vida"... Todas estas son etiquetas que debes desintegrar y sacar de tu mente y corazón ya mismo, ¡porque son mentiras!

Por el contrario, las etiquetas que son verdad y que debes abrazar son las que Dios te pone. ¿Qué piensa Dios de ti? ¡Hay muchas de estas etiquetas por toda la Biblia! Mira estos ejemplos:

- Incluso desde antes de haber hecho el mundo Dios te amó y te eligió. (Efesios 1:4-5)
- Fuiste adoptado y ahora eres hijo de Dios. (Romanos 8:15)
- Fuiste declarado justo a los ojos de Dios por medio de la fe. (Romanos 5:1)
- El Señor te ama con amor eterno. (Jeremías 31:3)
- Fuiste perdonado y limpiado de toda maldad. (1 Juan 1:9)
- Ya no eres esclavo sino libre. (Gálatas 5:1)
- Eres obra maestra de Dios. (Efesios 2:10)

"Therefore, if anyone is in Christ, the new creation has come: The old has gone, the new is here!"

—2 Corinthians 5:17 (NIV)

So the next time negative labels come to mind, find a mirror and declare repeat to yourself:

- If you're a boy, declare:
- "God chose me."
- "God loves me."
- "I am a son of God."
- "I was forgiven and cleansed of all wickedness."
- "I am no longer a slave but free."
- "I am God's masterpiece."
- "I am a citizen of heaven."
- "I am an ambassador of Christ."

If you're a girl, declare:

- "God chose me."
- "God loves me."
- "I am a daughter of God."
- "I was forgiven and cleansed of all wickedness."
- "I am no longer a slave but free."
- "I am God's masterpiece."
- "I am a citizen of heaven."
- "I am an ambassador of Christ."

- Eres ciudadano del cielo. (Filipenses 3:20)
- Eres embajador de Cristo para anunciar el mensaje a otros. (2 Corintios 5:20)

Recuerda lo que dice 2 Corintios 5:17:

"Esto significa que todo el que pertenece a Cristo se ha convertido en una persona nueva. La vida antigua ha pasado, ¡una nueva vida ha comenzado!"

Así que la próxima vez que vengan a tu mente ideas que te atormenten por causa de las etiquetas que te han puesto en este mundo, busca un espejo y dite a ti mismo o dite a ti misma:

- Si eres chico, declara:
- "Dios me eligió".
- "Dios me ama".
- "Soy hijo de Dios".
- "Fui perdonado y limpiado de toda maldad".
- "Ya no soy esclavo sino libre".
- "Soy obra maestra de Dios".
- "Soy ciudadano del cielo".
- "Soy embajador de Cristo".
- Si eres chica, declara:
- "Dios me eligió".
- "Dios me ama".
- "Soy hija de Dios".
- "Fui perdonada y limpiada de toda maldad".

Some people (including certain "thought leaders") believe that in this digital generation, we've lost creative capacity. They think there will never be painters like Picasso, musicians like Beethoven, or inventors like Leonardo da Vinci again. And often, they back it up with convincing arguments (even though some of them have no real foundation). The truth is, many people around the world have lost faith in this generation, which can be discouraging... You may have even felt more than once that no one believes in you.

That's why, through this book, we want to encourage you: you are special! God created you with a purpose! You do have creative capacity, and you can do amazing things with your life and change the world in a unique way!

Personally, if we could tell you how to stay alive and creative, these would be our suggestions:

- Enjoy activities you're passionate about. If it's your dream, take a skydiving course and jump out of a plane!
- Take a deep breath. Leave your phone at home and go for a walk.
- Listen to music—and turn up the volume!
- Worship God. Close your eyes and let yourself be amazed by Him and all He has done for you. No matter what stage of life you're in or what your situation is, you can always meet with the Lord in worship. Walk beside Him and don't stop giving Him the place He deserves.
- Stay strong. Never give up!
- Exercise. If you can, train and run a marathon! Keep your body healthy.
- Avoid lies. Don't tell them, don't believe them, and avoid people who spread them.

- "Ya no soy esclava sino libre".
- "Soy obra maestra de Dios".
- "Soy ciudadana del cielo".
- "Soy embajadora de Cristo".

Hay muchas personas (incluyendo algunos "líderes de opinión") que sostienen que en esta generación digital hemos perdido capacidad creativa. Ellos piensan que ya no hay ni habrá pintores como Picasso, músicos como Beethoven o inventores como Leonardo da Vinci, y a menudo lo explican con argumentos muy convincentes (aunque algunos de ellos no tienen fundamento). Lo cierto es que muchas personas alrededor del mundo han perdido la fe en esta generación, y esto resulta bastante desolador... Es muy probable que tú hayas sentido más de una vez que nadie cree en ti. Por eso, a través de este libro queremos darte ánimo: ¡tú eres especial! ¡Dios te creó con un propósito! ¡Sí tienes capacidad creativa, y sí puedes hacer cosas geniales con tu vida y transformar al mundo de una manera única!

En lo personal, si pudiéramos decirte cómo hacer para mantenerte vivo y creativo, estos serían nuestros consejos:

- Disfruta de las actividades que te apasionan. Si es tu sueño, ¡toma un curso de paracaídas y lánzate de un avión!
- Respira profundo. Deja el celular en casa y sal a caminar un rato.
- Escucha música, ¡y súbele el volumen!
- Adora a Dios. Cierra los ojos y déjate llevar en asombro por él y por lo que ha hecho por ti. No importa en qué etapa de la vida estés, o cuál sea tu situación, siempre podrás encontrarte con el Señor en la adoración. Camina a su lado y no dejes de darle el lugar que le pertenece.

- Occasionally, step out of your routine and seek adventure.
- Work. Don't lose the battle against laziness.
- Learn from everything.
- Share. It's more beautiful to give than to receive!
- Reach higher. Dare to go where you can't even see today.
- Believe. Faith will keep you alert and hopeful.
- Enjoy the people you love and take care of them.
- Protect your character. Be the same person in the light and when no one is watching.
- Think creatively. Explore all possibilities!
- Pray. Talk with God. He's always ready to listen, and He wants to speak to you if you'll listen.
- Be grateful. Take every opportunity to say "Thank you!"
- Love and say "I love you."
- Take heart! Don't be a zombie; do more than just survive!

But always remember: if you want to advance in life, the most powerful catapult in the world is believing what God thinks of you! He is your number one ally! He believes in you more than anyone else ever could, and He walks with you every day through the Holy Spirit.

However, this is a personal relationship that each of us must learn to cultivate. And the best place for this to happen is in private, where you can experience Him for yourself. There are many ideas about how to know God better, but understand this: the Holy Spirit is immensely creative, so discovering what He can do as your ally will depend on you and the place you give Him in your life. Don't focus on what you see the Spirit doing in

- Mantente fuerte. ¡Nunca te rindas!
- Haz ejercicio. Si puedes, ¡entrena y corre una maratón! Mantén tu cuerpo saludable.
- Evita las mentiras. Evita decirlas, evita a quienes las dicen y evita creerlas.
- De vez en cuando, sal de tu rutina y busca aventuras.
- Trabaja. No pierdas la batalla ante la flojera.
- Aprende de todo.
- Comparte. ¡Es más lindo dar que recibir!
- Despega. Anímate a llegar hasta donde ni siquiera logras ver hoy.
- Cree. La fe te mantendrá alerta y expectante.
- Disfruta a las personas que amas y cuídalas.
- Protege tu carácter. Sé la misma persona a la luz y cuando nadie te ve.
- Piensa creativamente. ¡Explora todas las posibilidades!
- Ora. Conversa con Dios. Él siempre está dispuesto a escucharte, y también quiere hablarte si tú lo escuchas.
- Sé agradecido. Aprovecha cada oportunidad que tengas para decir "¡Gracias!".
- Ama y di "te amo".
- ¡Animo! ¡No seas un zombi, y haz más que solo sobrevivir!

Pero siempre recuerda: si quieres avanzar en la vida, ¡la catapulta más potente del mundo es creer lo que Dios piensa de ti! ¡Él es tu aliado número uno! Él cree en ti más de lo que

others; instead, expect Him to do something in you. It depends on your desire to walk with Him!

RELATIONSHIP IN THE WORLD IS MORE VALUABLE THAN THE ONE YOU CAN ENJOY WITH GOD.

Each day, the Holy Spirit wants to remind you who you are... and that you are someone God loves very much! So never forget that you belong to Him, and no relationship in the world is more valuable than the one you can enjoy with God.

Today is the moment to make a decision. Don't you think it's worth investing time in this extraordinary friendship? If you think it is, then grab your Bible, because it's full of advice on how to deepen your relationship with God. Here are just a couple:

> *"Rooted and built up in him, strengthened in the faith as you were taught, and overflowing with thankfulness."*
>
> *—Colossians 2:7 (NIV)*
>
> *"Put on the new self, which is being renewed in knowledge in the image of its Creator."*
>
> *—Colossians 3:10 (NIV)*

Go ahead! Discover this friendship with the Spirit of God, which has the potential to increase the pulse of your destiny and catapult you into the future! It's worth it!

And when you discover that friendship with Him, then you'll begin to understand what Jesus sees in you... Have you ever asked yourself that question? Think about it... what does Jesus see in you? When Jesus found Peter and his nets, what did He see? Did He see a man who reeked of fish? Did He see a reckless guy? A troubled character? No... When Jesus looked at

puede creer en ti cualquier otra persona en el mundo, y te acompaña cada día a través del Espíritu Santo.

Sin embargo, esta es una relación personal que cada uno de nosotros tenemos que aprender a cultivar. Y el mejor lugar para que esto suceda es en lo privado, donde a solas lo puedas experimentar por ti mismo. Hay muchas ideas sobre cómo conocer más a Dios, pero debes entender algo: el Espíritu Santo es inmensamente creativo, así que la única manera de realmente descubrir lo que él puede hacer como tu aliado dependerá de ti y del lugar que le des en tu vida. No importa lo que veas hacer al Espíritu en las vidas de otras personas, sino la expectativa que tengas de que haga algo en ti. ¡Depende de tus ganas de caminar con él!

NINGUNA RELACIÓN EN EL MUNDO VALE MÁS QUE LA QUE PUEDES LLEGAR A DISFRUTAR CON DIOS.

Cada día el Espíritu Santo te quiere recordar quién eres... ¡y que eres alguien a quien Dios ama mucho! Por eso, que no se te olvide nunca que le perteneces a él, y que ninguna relación en el mundo vale más que la que puedes llegar a disfrutar con Dios.

Hoy es el momento de tomar una decisión. ¿No crees que vale la pena invertir tiempo en esta extraordinaria amistad? Si piensas que sí, entonces corre a buscar tu Biblia, porque está llena de consejos sobre cómo profundizar tu relación con Dios. Aquí te dejamos solo un par:

> *"Arráiguense profundamente en él y edifiquen toda la vida sobre él. Entonces la fe de ustedes se fortalecerá en la verdad que se les enseñó, y rebosarán de gratitud".*
>
> *Colosenses 2:7*

Peter, He saw a leader who would be fundamental in continuing the movement Jesus Himself was about to begin...

What does Jesus see in you?

ONE MORE STORY

Before we finish, we want to share one more story with you. For us, it's the most important story in this entire book. It's the story of someone we admire and love deeply. This amazing person is truly incredible. In their journey, they have fought, suffered, enjoyed, lost, won, and we know they will persevere until they reach the finish line. And they are going to change the world—we can guarantee that!

That person is you. The end of this book is the beginning of what comes next. From this moment on, you will write the story of your life.

That's right! This exciting adventure now depends on you. It's your turn to write. It's your turn to live a story that will change the world. A story that begins today, and it starts like this:

ONCE UPON A TIME...

"Vístanse con la nueva naturaleza y se renovarán a medida que aprendan a conocer a su Creador y se parezcan más a él".

Colosenses 3:10

¡Vamos! ¡Anímate a descubrir esta amistad con el Espíritu de Dios, que tiene el potencial de aumentar el pulso de tu destino y catapultarte hacia el futuro! ¡Vale la pena!

Y cuando descubras esa amistad con él, entonces podrás entender qué es lo que Jesús ve en ti... ¿Te has hecho alguna vez esa pregunta? Piensa... ¿qué ve Jesús en ti? Cuando Jesús encontró a Pedro y sus redes, ¿qué vio? ¿Vio a un hombre que apestaba a olor a pescado? ¿Vio a un tipo desenfrenado? ¿Un personaje problemático? No... Cuando Jesús vio a Pedro, vio a un líder que iba ser fundamental para continuar con el movimiento que Jesús mismo iba a iniciar...

¿Qué es lo que Jesús ve en ti?

UNA HISTORIA MÁS

Antes de terminar, queremos compartir contigo una historia más. Para nosotros es la historia más importante de todo este libro. Es la historia de alguien a quien admiramos y amamos profundamente. Esta magnífica persona es realmente increíble. En su travesía luchó, sufrió, disfrutó, perdió, ganó, y sabemos que va a perseverar hasta llegar a la meta. Y va a cambiar el mundo, ¡eso te lo podemos garantizar!

Esa persona eres tú. El final de este libro es el inicio de lo que viene después. A partir de este momento escribirás la historia de tu vida.

¡Así es! Esta emocionante aventura depende ahora de ti. Es tu turno de escribir. Es tu turno de vivir una historia que

cambiará el mundo. Una historia que comienza hoy, y que empieza así:

HABÍA UNA VEZ...